科学博士来回答2

关于宇宙、未知世界及我们自己

［加］杰·英格拉姆（Jay Ingram）｜著　杜 冰｜译

THE SCIENCE OF WHY 2

Answers to Questions About the Universe, the Unknown and Ourselves

上海社会科学院出版社
SHANGHAI ACADEMY OF SOCIAL SCIENCES PRESS

目录

Contents

第一章　超自然现象

第二章　人体

第三章　动物

第四章　奇奇怪怪的科学与机器

第一章

超自然现象

The Great Beyond

茫茫宇宙，人类能否觅得外星伙伴？

有此一问的人定然相信：地球以外的某些星球也可孕育智慧生命。这观点自不必人人都当真，毕竟，尽管宇宙里有无数的星系，每个星系里亦环绕着数不清的行星，但地球仍然极有可能是独一无二的。不过自 16 世纪以来，以地球为万物中心的观点日遭解构，我们所在的地球从“唯一”退居“之一”，它只是太阳系八大行星中的一个，所拱卫的太阳也不过是浩瀚星系中毫不起眼的一员。

在发现外星生命迹象之前，弄清我们是否孤悬宇宙之间实为不易。还好，多亏了天文学家弗兰克·德雷克（Frank Drake）[①]，他在 1961 年发明了所谓的“德雷克公式”，为探究这个问题提供了一种思路。

德雷克公式由若干未知量构成，它提示我们，在确信存在其他智慧生命之前，先

① 弗兰克·德雷克（1930— ），美国天体物理学家，康奈尔大学教授，美国科学院院士。他是美国地外文明搜寻（SETI）组织创始人，1961 年提出了“宇宙文明方程式”，即德雷克公式。

要了解哪些信息。公式写作：

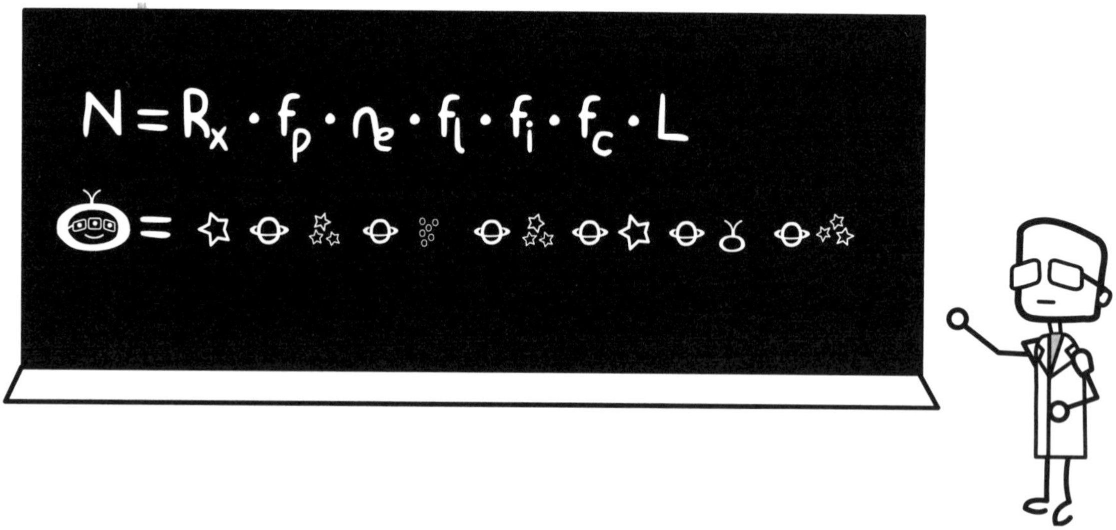

在该公式中，N 格外给力，代表着可能被发现的先进文明的数量，它意味着天外客，也就是外星人！

N 的数值与等式右侧的所有变量相关，随着每一项被逐一计算在内，N 的数值在缩小。也就是说，在宇宙中发现其他生命的概率，通过下面这些项相乘而得出：

R_x：所有恒星的数目；

f_p：恒星中带有行星的比例；

n_e：行星中距离恒星远近适中、适宜生命存在的比例；

f_l：适宜的行星中能够提供生命存在条件的比例；

f_i：演化出智慧生物的概率；

f_c：智慧生物中掌握先进通讯技术的概率；

L：存在时间足够长、可以让人类发现的科技文明数量。

德雷克公式初成之时，其中的许多数值都还只能靠猜测，后经人们不断努力，数值变得更为精确。

科学八卦…… 陆地上或水中的生命形式人们已颇为熟悉，但是否存在其他可能性呢？著名天文学家弗雷德·霍伊尔（Fred Hoyle）① 与卡尔·萨根（Carl Sagan）②，构想出了诡异、狂野的气态生物。霍伊尔在一部20世纪50年代末的科幻小说《黑云》（*The Black Cloud*）中写到，一团由尘与气形成的巨云闯入太阳系，遮天蔽日危及地球上的一切生命。这团巨云比人类更具智慧，它从恒星射线（比如阳光）中汲取能量，直到巨云打算离开，地球才得救。在一份给美国宇航局的论文中，卡尔·萨根提出一个想法，火星的大气中存在着3种巨大的、气球状的生物：浮子、沉兽和猎手。浮子有数公里之巨，以阳光或空气为生；沉兽状若海中浮游生物，在空气中缓慢下沉，顺道吸附途经的东西，比如浮子，使自己如同下落的雨滴般不断膨胀；至于猎手，顾名思义，猎捕其他有机体。

既然行星围绕恒星运行，我们便先要知道宇宙里有多少颗恒星。我们所在的星系——银河系至少包含1000亿颗恒星，其他星系的情况也大体相当。宇宙中星系的数量在100亿到10万亿之间，将这些数相乘（比如用星系的最大估计数），得到的数值大到无从理解，真是老多的星呀，1后面跟着24个零！

---

① 弗雷德·霍伊尔（1915—2001），英国著名天文学家，曾任英国皇家天文学会会长。

② 卡尔·萨根（1934—1996），美国天文学家、著名科普作家，代表作品有《布鲁卡的脑》《魔鬼出没的世界》等。

知乎…… 不同的估计或有出入，但银河系中可居住的行星约有 600 亿颗之多。

诸如开普勒太空望远镜一类的新技术，大为拓展了人类的视野，发现了更多带有行星的恒星。宇宙里遍布行星，但可能孕育生命的行星，其体积应与地球大体相当，位置应在恒星的“宜居带”之内（能存在液态水）。咱地球人认定：水对地球上的生命至关紧要，势必对其他地方的生命也同等重要。所以，行星不能靠恒星太近（那会让水蒸发），也不能离得过远（那会令水冻结）。

在其他恒星周围已然发现了 4000 多颗行星。平均而言，每颗恒星似乎都至少有 1 颗行星，每 5 颗行星中有 1 颗与地球相似，位于宜居带上。有种观点称，银河系里超过 90% 的行星尚在形成中，这自不在考虑之列。另外，行星的体积也很重要，与地球这般的岩石行星相比，在木星那样的气态“巨无霸”上很难演化出生命。

可惜，即使某个行星处于宜居带内，也没办法知道它孕育出生命的可能性到底有多大。在太阳系中，地球目前还是个孤例，很难凭此推测其他行星的情况。不过，哪怕在火星上发现了曾经有过微生物的些许迹象，都会极大地改变在行星上发现生命的概率。考虑到那些构成生命基础的化学物质并非为地球独专，而是散落在整个星系，科学家对宇宙中普遍存在生命抱有希望。

估算宇宙间生命的分布情况如此不易，那么预测智慧生命的情况又如何呢？这样说吧，尽管还只是猜测，但科学家比较乐于相信：每发现 10 个有生命的行星，其中 1 个便可能有智慧生命。不过更重要的是，那些智慧生命须是技术能手，方能被我们侦测到，甚或与之通讯。

知乎…… 哲学家尼克·博斯特罗姆（Nick Bostrom）认为，人类并不乐于在宇宙中发现其他物种。他声称，宇宙间智慧生命的稀缺证明：存在着某种关键性障碍，将大多数行星挡在科技文明之外，只有极少数幸运儿才能冲破这一阻碍，而到目前为止，人类还是孤例。

这一点为何重要呢？如果我们已然成功迈过了那道坎儿，拥有了全面探索太空的技术，那么迄今只发现了人类这个孤证，便说明科技文明实乃极其罕见。但如果我们尚未突破那道障碍，尚不具备全面探索太空的技术能力，那么也许有许多行星已达到了我们现今的水平，并继续发展，但我们为何看不到蛛丝马迹呢？

特别有趣的是，博斯特罗姆很重视人们对火星的探索。他盼望着火星上找不到任何微生物的踪迹，因为发现了那样的踪迹，便意味着其他行星上也很可能出现过生命。但如果事与愿违，像人类一样的智慧生命将很有可能曾在别处存在过，并遭到了灭绝。在博斯特罗姆看来，要是火星上没有生命，我们便还可以梦想人类是独一无二的存在；但假使火星上存在生命，那也许昭示了地球物种的厄运。

下面看一下德雷克公式的最后两个参数。探测到外星科技文明当然很了不起，但与他们联络才是人类的最终目的。人类拥有技术能力不过几百万年（在肯尼亚发现了最早的石质工具，迄今 330 万年），技术上能够与天外文明联络更是近 100 年的事情。相比行星 46 亿年的寿命，这点儿时间极为短暂，很难令外星文明发现我们。也许，外星人在数千年间不断呼唤我们，由于等不到回应而早已放弃了努力。

知乎…… 相比于接听天外信号，人类不经意地向外星人传递信号的历史更长。在有线电视普及之前，电视信号是真正在空中传播，这些信号很有可能溜进了太空。想想看：从 1959 年起，罗德 · 塞林（Rod Serling）的《迷离时空》(*Twilight Zone*)[1] 便以接近光速的速度开始了太空之旅，如今已到了距我们五六十光年之外。(《迷离时空》会令外星人着迷吗？）可惜，大多数无线信号都逃不出地球大气层。

很明显，尽管进展多多，我们仍无法确切得知德雷克公式的所有变量，因而难以推断外星生命的具体数量。方程的解也许是 1（我们是星系中唯一的智慧生命)，或者几百，甚至几千。

有科学家将德雷克公式变形，并改变了设问的方式：宇宙间智慧生命出现的概率多大？结论是，只要概率不小于 1/10000000000000000000000（这零真心没法数了)，就一定存在智慧生命。相信不可能有那么小的概率吧？当然啦，我们还没收到外星人的信息，不过别灰心，他们没准儿在等我们的邀约呢，将来会回信的。

① 《迷离时空》为 1959 到 1964 年间播出的系列电视剧，被视为 20 世纪美国最重要和最具有影响力的电视剧作品。该剧为奇幻悬疑题材剧的鼻祖。

能让恐龙重生吗？

《侏罗纪公园》是部电影而非科研项目自有其道理：拍电影更容易，也更便宜（尽管这部电影耗资巨大）。而真要让恐龙重生，恐非明智之选。

头一个难处是复原恐龙原始的 DNA。在电影中，恐龙的 DNA 取自一只蚊子，它吸饱了恐龙的血，却一头撞进了液态的树脂。树脂固化变成了琥珀，顺便把那蚊子封存了 6000 多万年。

这一情节发生的概率有多大？最接近的发现来自蒙大拿山区，一只满血蚊子被封在页岩里，它 4600 万岁，比最后灭绝的恐龙晚生了近 2000 万年，对复原霸王龙帮不上啥忙。还有其他两只蚊子化石倒是足够老，与恐龙同时代：一只来自缅甸，体内物

哈佛的遗传学家乔治·丘奇（George Church）[1]已将猛犸象基因剪接进印度象的DNA中，目前已达40组。他选择了那些与耐寒相关的基因，包括小耳朵、毛发、脂肪层，以及在严寒中能更有效传递氧气的血液。这个项目的进展是惊人的，但仍有许多巨大的障碍有待克服。

比如，猛犸象与现代象的基因有很多差异，这40组基因只占其中的很小部分，更何况大象与猛犸象的基因有可能彼此排异。另外，丘奇提到他要在人造子宫中孕育胚胎，因为印度象属于濒危动物，用于实验可能违法。不过人造子宫又谈何容易？胎象成熟前要在里面呆22个月，长到超过90.7公斤。

我们获取基因的猛犸象种群也有问题。这些最后的象群生活在俄罗斯北极地区的弗兰格尔岛（Wrangel Island），由于近亲繁殖，象群已有了严重的基因缺陷，这很可能最终导致了它们的灭绝。

虽然俄罗斯人正在西伯利亚建设“更新世公园”（Pleistocene Park），但即使丘奇成功了，也很难保证重生的猛犸象有适宜的栖息地。其实，我们复活的任何物种都躲不开这个难题。

最后，与其将资金和注意力投向这些可爱的往生动物（猛犸象、渡渡鸟、候鸽［passenger pigeon］等），倒不如用来救助现今数不清的濒危物种。

① 乔治·丘奇（1954—），哈佛大学遗传学教授，世界最著名的基因排序及编译技术专家之一。

缘何天空蓝如许？

这个问题既简单又颇可探究。笼统而言，答案相当明确：白色的日光在穿过地球大气层时，难免受到影响。阳光撞上空气分子，四散而开，其中短波光比长波光更易散射，所以在光谱末端的紫光、蓝光与红光、黄光和绿光相比，散射更甚。

假使太阳东升时你望向西边的天空，阳光散射后复又照进你的眼睛，所以你看到的是蓝天。而如果你直视旭日或夕阳的方向，天空则呈橘红色。这是由于太阳临近地平线，阳光进入眼睛前要途经更厚的大气层，只有一部分光能到达，就是光谱中最不易散射的红光与橙色光。

那么，天空为何不是紫色的呢？比起蓝光来，紫光的波长不是更短、被空气散射得更厉害吗？原因有两个：一是日光谱系中紫色所占比重小于蓝色；二是人眼对蓝光更加敏感。可就算如此，那彩虹呢？明明能看见紫色呀？那是因为彩虹形成时紫色系与其他色系各自分离了，而晴天时各色系的光都混在了一起。

关于天的蓝色，有一点最为古怪，那就是：人类是否总能分辨出蓝色？或者即便能看出却没太在意，没有为其命名。你可能猜到了，这个话题颇具争议。

争议起源于古希腊诗人荷马的两部史诗——《伊利亚特》与《奥德赛》，据信它们创作于2700年前。对这两部作品的众多研究当中，有一个最是奇妙。它计算了书中提到不同颜色的次数，结果是：黑色200次，白色100次，红色不到15次，绿色少于10次，而蓝色为0次。零！据荷马讲，大海是深深的葡萄酒色而非蓝色，与公牛颜色一样。还有一处提到绵羊，是紫色的。

该研究激起了人们对此话题的兴趣。随后的调查发现：在许多远古语言中，多种颜色的名字都是缺失的，自然也见不到有关蓝色的词汇。事实上，各类颜色初入人类语言的先后顺序，呈现出显著的跨文化的一致性：首先是黑色与白色，然后是红色，接下来是黄色和绿色，最后才是蓝色。

如何解释这种现象呢？荷马是位诗人（当然，“他”更有可能是许多不同作者的合称），色彩上的用词可能只是出于艺术选择；但在其他语言中，色彩语汇渐进式的融入方式也格外有趣。有一些研究也显示，不同文化所看到的颜色（或至少所标识出的颜色）是不同的。比如，非洲的辛巴族（Himba）能分辨出差异极其细微的各种绿色，而旁人看来全无差别。但当一抹蓝色出现在一片绿色中，他们却挑不出来。

而且，对于颜色的辨识为什么会有先黑白再红黄最后蓝色的顺序呢？一种猜测是：只有用得到的才会为之命名。比如，古埃及语中有一个表示蓝色的词，但几乎没有哪个古代民族像古埃及人那样使用蓝色染料。使用之，便命名之！红色之所以比较流行道理似乎也如此：红色是一种常见的染料，当然了，血也是红色的。

蓝色词汇的稀缺还另有解释。这种解释认为，自然界很少有蓝色的东西，例如植物不是蓝色，花朵鲜有蓝色、动物绝少蓝色，地中海及中东地区绝大多数古代居民也没长着蓝眼睛。可是，在北美确有许多蓝色的鸟：蓝鸦（blue jay）、蓝蜡嘴鸟（blue grosbeak）、蓝翅鸭（blue-winged teal）、蓝知更鸟（bluebird）等。而且，当然还有天空。

想必人类的视觉在过去几千年中不会发生多少改变，因而大家更愿意相信：一种颜色只有受到了重视，才会将某个词与之固定搭配。那么，荷马及其他远古传说是如何描绘头顶的天空呢？天，有时是铅色的，有时是灰色甚至黑色的，还有日出日落时的红色与橙色。至于正午的天啥样？我也不知道。

不过这里得提一下塞缪尔·巴特勒（Samuel Butler）1900 年的《奥德赛》译本，里面有“初升的有玫瑰色手指的黎明”（挺贴切的），也有“灰色的海”（没问题，黑与白的混合），还有“安菲特里忒掀起的深蓝色巨浪”。天呀，蓝色！但考虑到这不过是部 20 世纪翻译的古希腊作品，或许我并未发现任何有效信息。巴特勒也许并没逐字照译，仅仅是将荷马所表达的意思译成蓝色而已。

有可能建部太空电梯吗？

你坐过最高的电梯能上多高？60 层？70 层？100 层？要是有部电梯能上 1200 万层，作何感想？特快电梯仍需要很长的运行时间。但是，要想造部太空梯从地面穿出大气层直抵太空，就得那么高。

造部太空电梯并非不可能，但也真够难的，等同于绕地球建座悬桥。头个难题是，不能从地面起向上建电梯井，因为没有建筑材料支撑得起那份重量。它的基座要有山那么大，即使那样，没到半途恐怕也会被自身的重量压垮。

好消息是，电梯可以从地面开工，从卫星轨道处开始攒起，逐级向下穿越大气层。物理学家喜欢这办法，因为建造的过程中，塔身经受拉力而非压力，将有助于避免垮塌。

知乎…… 太空电梯的构想得自于同步卫星的概念。1945年，科幻作家阿瑟·克拉克（Arthur Clarke）提出：要是将卫星发射到赤道上方恰当的高度（即36000公里），卫星的绕地转速恰好等于地球自转，从地面望去，卫星仿佛悬浮不动。

创意格外精彩，可惜克拉克并没再进一步。倒是苏联科学家尤里·阿特苏塔诺夫（Yuri Artsutanov）追问了下去：既然卫星可以永久悬停在地球上方某处，何不将它与地面相连？又何不用电梯井相连，岂非以电梯替代了火箭？（最新版的太空梯已摒弃了电梯井，采用纯索道，拽着类似贡多拉船［gondola］样的东西上下跑。）

还有个关键的细节问题横在眼前：电梯索道自上而下装配，越靠近地面则重力越大，势必会将卫星拽下轨道。为了避免脱轨，要以同样质量的绳缆从卫星向上探入太空，产生向上的力以抵消电梯的拉力。

这个双叉式设计尽管化解了相当程度的风险，可也有其自身的问题。比如，当电梯端抵达地面时，反方向的平衡端（假设采用同样粗细的缆索）必须向太空延伸10万公里，那么整个结构，包括向上、向下的两段索道，其长度已是地月距离的1/3。所以有人建议（也许只是个玩笑）：拖个小行星过来，拴在电梯正上方，提供必要的平衡力，这样整个结构便紧凑多了。

建造太空电梯的讨论始于20世纪70年代，当时还找不到足够结实的材料用于如此庞大的项目。最好的选择莫过于特种碳化物，比如结晶状或石墨状之类，但强度依然不够。所幸，材料科学此后进展神速，纳米技术彻底改变了整个领域的面貌。

目前最为可行的是一种异型碳合物，被命名为富勒烯（buckminster fullerene），以向发明家巴克敏斯特·富勒（Buckminster Fuller）致敬[①]。富勒原始的设计为网格球形穹顶，被化学家借鉴，进而出现了试管状设计，取名巴克管（Buckytubes）。巴克管非同一般，它耐拉抗拽，正符合太空电梯的需要。用巴克管材料做绳索，不到3厘米粗细，比同样粗细的钢索耐拉百倍，重量却只及钢索的1/6。不过，这种“巴克绳”还未实际制造，同其他一些实验性材料一样，离真正应用还差得挺远。

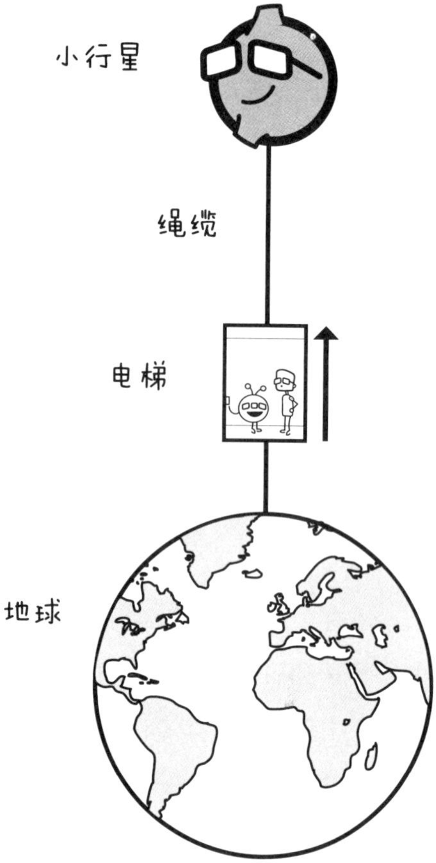

科学八卦！ 在提出同步卫星的构想后，阿瑟·克拉克提议将许多同步卫星用铁轨连成一座“环形城市”。1951年，巴克敏斯特·富勒建议在赤道上空造一座环桥，人们可从一地爬上去，待上一会儿，下来时便到另一地了。

① 巴克敏斯特·富勒（1895—1983），美国建筑师，他在1967年设计出富勒球结构，使得这种轻质圆形穹顶结构风靡世界。

太空电梯还可能面临其他风险，比如万一缆绳半道断了或被飞机撞了咋办？要是与一帮讨厌的人一起被困在15000公里的高空，怎么办？然而，尽管困难重重，人们建造太空电梯的念头始终没断。

2017年，国际太空电梯联盟主席彼得·斯旺（Peter Swan）在一份报告中历数建造太空电梯的理由，他辩称，使用太空电梯进入太空，便宜、安全，更环保，为太空探索与商业开发大开机会之门。

斯旺还提出了自己的太空电梯构想：若干小型电动轮车凭借摩擦力紧附在1米宽的丝带上，并沿其攀缘。他承认，要找到适合的碳纳米材料或类似材料建造丝带，至少还得等10年。但他信心十足，并诗意满满地形容道：与火箭腾空的雷鸣相比，太空电梯的动静宛若花瓣飘落池塘。

太空电梯或许仅是想象力的操练，或许会结出意料不到的硕果。但所有的构想及探索都表明了人类对太空的痴迷。希望有一天，在36000公里的高空，我们可以将脸紧贴在玻璃窗上，凝视地球。

要是月亮消失了，会怎样？

月球表面满目疮痍，可见其一生没少受太空陨石的轰炸。厚重的陨石时刻撞击着月球，我们甚至毫无察觉。但有次例外——1187 年 6 月，英格兰坎特伯雷的僧侣报称月牙被火焰裂成了两半。想必是一次陨石撞击，一定留下了巨大的陨石坑，但天文学家尚不能指认出来。

那次撞击显然并没溅得乱石横飞，但地球上的确发现了数以百计来自月球的陨石。月球上陨石坑的数量没有完整的统计，应该数以百万计吧。

科学揭秘！ 在形成之初，月球离地球比现在近得多：公转一周仅需6天，不像如今要28天。月高看上去比现在大16倍，其差别如同隔着一臂的距离端详茶碟与药丸，故满月实属奇观！而且每隔几天就会来次日全食。

月亮块头大，想要撞碎它或将它撞脱轨道，需要大小相近的小行星。先不论能否“撞车”，目前所知太阳系压根儿没那么大的小行星，所以月亮大概率会待在原地。讲“大概率”是因为它在难以察觉地慢慢远离我们，每年3.78厘米，与一年里手指甲生长的长度不相上下。

为什么呢？自打45亿年前月球由太空巨石撞击生成以来，它一直在往外溜，其根源是潮汐的影响，涉及我们熟知的海洋及其反向作用，即地球施加给月球的潮汐力。由于地球自转得更快，它牵引得潮涌稍领先于月球，这样潮涌的引力拉扯着月亮，这稍稍减慢了地球的自转，同时稍微加快了月球的自转。于是，月球滑向了更高的轨道。

万一月亮真的消失了，又会怎样呢？

想象地球好比是个旋转的陀螺，有点侧歪，转轴倾角约23度。它摇摇摆摆地转了多少亿年，却也没有失控，因为月亮的引力作用使它保持了那个倾角。要是一旦月亮消失了，估计倾角就要变化，范围从0度（完全直立）到85度（几乎躺倒）都有可能。由于地球的转轴倾角决定了四季的变化，这样巨大的变化可能引发巨大的灾难，就像地球摇摆变慢时引发的史前冰河期一般。

知乎…… 有猜测认为，生命起源于潮汐地带。在上古时代，月球更靠近地球，潮汐所及的范围比现在大得多。

那么，还能观赏芬迪湾（Bay of Fundy）的潮涌，体验夏威夷的冲浪吗？基本没戏了。由于太阳也施加一定的潮汐力，潮汐不会完全消失，却已然面目全非。成千上万的生物也会受到巨大影响，其中有些生物的生理周期早就同月相变化密不可分了。还有陨石，还记得前面提到的成百万计的陨石坑吗？没了月亮的遮蔽，我们将暴露在“枪林弹雨”中。

人类又会怎样呢？要是没被气候变化或陨石雨干掉的话，人类的生活也将大为改变。天文爱好者兴许还挺高兴，除了见不到月食，再也不会月朗星稀了。少了月光，浪漫的人儿何寄情思，感伤的歌者哪寻灵感？没有宇航员是否登过月的争论，没有天狗吃月，没有满月下关于动物及人类怪诞举动的传说。

不过且慢！这里需澄清一下，尽管关于满月时人们行为古怪的谣言经久不息，但研究揭示了真相：满月并没有明显改变人类的行为。犯罪没加剧，患者没增加，婴儿没多生，没有更多的人被杀或自杀，一切如常。

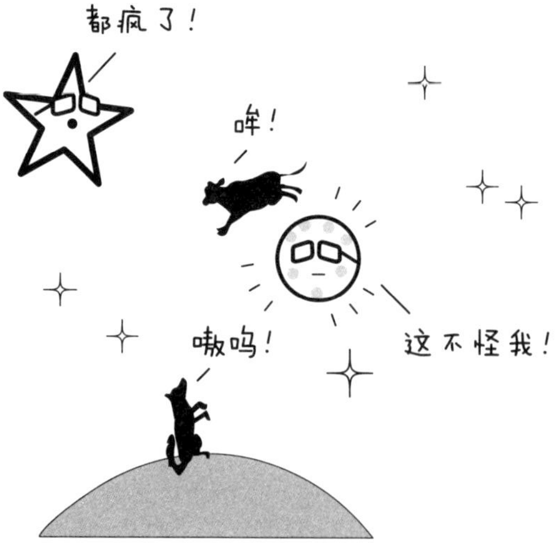

为何夜空一片漆黑？

这看似是个简单问题，即使在群星璀璨时，夜空基本还是黑暗的。满天皆是星星，但星光如豆，无从点亮夜空。星际空间是如此之暗，不足阅读光亮的百万分之一。

乍一看，太空似有它黑暗的道理，但总觉哪儿不对劲。恒星放射光芒，数量又如此之多，单银河系大约就有1000亿颗。而且据哈勃望远镜观察，类似银河系般的星系，仍有千亿以上，包你夜空里随处一望，都能瞧见一堵“星墙”。

物理学有云，恒星无论聚散，都发光依旧；物理学还断言，你所望向的任何一片夜空，都应亮如白昼。这便引来了一个巨大的疑问，名曰“奥尔贝斯悖论”（Olbers' Paradox）[1]。天文学家就此争论，形成了两种较有影响的理论。

① 奥尔贝斯悖论，以德国科学家海恩里希·奥尔贝斯（1758—1840）命名，又叫“黑夜悖论”，对宇宙的无限性及永恒静止的假说提出了异议。

一种理论将黑暗归因于由大爆炸引发并持续至今的宇宙膨胀。大爆炸可不像你在电影里看到的那种：浓烟升腾、诸物横飞——这是空间自己向外横飞！

由于膨胀，星系间的间距不断增大，结果是它们与我们渐行渐远。于是，星系的光发生了位移，产生了多普勒效应（Doppler effect）。这一效应我们在声学领域颇熟悉：听一下救护车的警笛或火车的轰鸣声，在它迫近时声音高亢，远离时声音低沉，这是因为车辆驶来时声波被压缩，产生高音；驶过后声波被拉伸，形成低音。

同样道理也适用于光：当光源迅疾的远离时，整个可见光系受到拉抻，一旦幅度过大，便脱离了可见光谱的范围，变成了人类看不见的红外光、微波，甚至无线电波。但此现象也就将光的亮度减少一半，不足以造成夜空如此黑暗。何况还有科学家指出，高速导致的波长迁移同样也会发生在高频光谱区，不可见的紫外光受到拉伸成为可见光，足以抵消可见光的损失。所以，未解之谜仍然很多。

另一种因素也用来解释太空的黑暗——宇宙的年龄。宇宙始于 138.2 亿年前，在此大约 2 亿年后出现了第一颗恒星，随后出现了最早的星系。所以，离我们最远的星系也不会超过 138.2 亿光年，那是光在此期间所能走的最远距离。光速是有限的，一定有许多星系新生时发出的光芒尚不及抵达地球；同时，随时都有星系消亡或新生，而宇宙还在不断加速膨胀，因而它们中的许多总会在我们视野之外。想象一下，130

亿光年远处挡着一道不透明的穹顶，而它的另一面我们什么也看不到。

“星众而光疏”这一矛盾多年来吸引了许多大思想家。著名的“彗星侠”埃德蒙·哈雷（Edmund Halley）论及过此事；80 年后，威廉·奥伯斯（Wilhelm Olbers）提出了奥伯斯悖论，认为光被星际间的物质所阻隔。尽管奥伯斯固执己见，他的看法却并不正确：任何物质如果阻隔了星光，势必会被加热，最终自身放出光芒。

最意外的成果来自爱伦·坡（Edgar Allan Poe），他是诗人兼小说家，显然还是宇宙学家。他在 1848 年发表的《我发现了》（*Eureka: A Prose Poem*）这首散文诗中，预言了星系年龄的重要性。他议论道，解释这一黑暗的唯一方法便是：想象有一无形的背景，巨大无比，任何光也透不过来。

以当时人们对宇宙可怜的了解，爱·伦坡的洞见相当惊人。看来，他说对了：从地上望去，天穹如此黑暗，因为绝大多数的光都遥不可及。

百慕大三角有何危险？

百慕大三角颇有恶名，在这片 50 万平方公里的浩瀚海洋上，发生了上百起神秘的灾难。这个三角形区域的三个顶点，分别位于佛罗里达、波多黎各和百慕大。

那么百慕大三角真的有什么凶险之处吗？如果有，那又是什么呢？有理论认为，导致众多飞机、船只神秘消失的是水晶能量（crystal energy）；另有说法讲是外星人的介入；还有其他林林总总的猜测：神灵作怪、巨乌贼捣乱、异元空间通道等等。好吧，先别管那些超自然的漩涡了（神灵也好，乌贼也罢），我们来看看科学的证据。

有关船只、飞机在百慕大三角消失的记载已远超百年，最著名的发生在1945年，5架美国空军的“复仇者”鱼雷轰炸机消失了（后来该次任务被命名为“最后的巡逻”）。飞机于12月5日下午2点过后从劳德尔堡（Fort Lauderdale）起飞，执行常规训练。计划向东飞越大西洋，进行短暂的投弹练习后继续向东飞，再北折，最后向西返回基地。编队起飞时天气良好，但它们再也没有回来，也没有发现飞机的任何踪迹：没找到机身或残骸，机上的14人就此失踪，谜团至今未解。

仅有的证据是飞行员的无线电报告，显示了他们对所处的地点很是迷惑：

“我不知道我们在哪？一定是最后一次转弯让我们迷失方向了。”

机队长：“我的罗盘都失灵了，我在试图寻找佛罗里达劳德尔堡。我在陆地上空，但它零零星星，我应该是到了佛罗里达礁群，但我不知走出多远了，也不知如何到劳德尔堡。”

机队长：“改变航向90度（正东），飞行10分钟。”

“见鬼，想回家得往西飞，往西，见鬼！”

机队长：“保持270度航向，我们向东飞得还不够，也许该转向再往东飞。”

机队长：“所有飞机收紧队形……要是见不到陆地我们只好海上迫降……一旦有飞机油量低于10加仑，我们就一块儿下降。”

如上描述显示，第19机队包括队长在内的5名飞行员对自己的位置感到困惑。在尝试返航佛罗里达时，他们似乎一再飞错方向，最终油尽坠海。的确，他们的罗盘失灵了，天气变得恶劣，但这些都不足以给出明确的解释——为什么5架飞机都失踪了。

5架飞机的失踪已很是蹊跷，但随后派去的2架救援飞机中又有1架失踪，机上13人殒命。失踪的PBM-5型救援机起飞3分钟后与基地进行了无线联络，此后便杳无音讯。20分钟后，处于该海域的“甘斯·米尔斯”号船（SS Gaines Mills）报告，目击一起爆炸，烈焰高达30米。很快，该船驶过一层浮油。坠落的救援机据说有漏油的老毛病。可尽管对爆炸地点有精确的描述，却连一片飞机的残骸也没找到。

科学八卦！ 百慕大三角是亚特兰蒂斯居民的最后栖身之所……至少，保罗·温斯维格（Paul Weinzweig）和宝琳娜·扎利斯基（Pauline Zalitzki）是这么说的。两位科学家宣称在百慕大三角的海床上找到了亚特兰蒂斯城，拍到一些狮身人面像和金字塔的影像。问题是：考虑到发现地的位置，亚特兰蒂斯城恐怕在海平面下数百米，定是巨湿的一个城市。温斯维格也承认，他在海床上发现的金字塔状的东西，也可能只是自然的隆起，与亚特兰蒂斯无关。

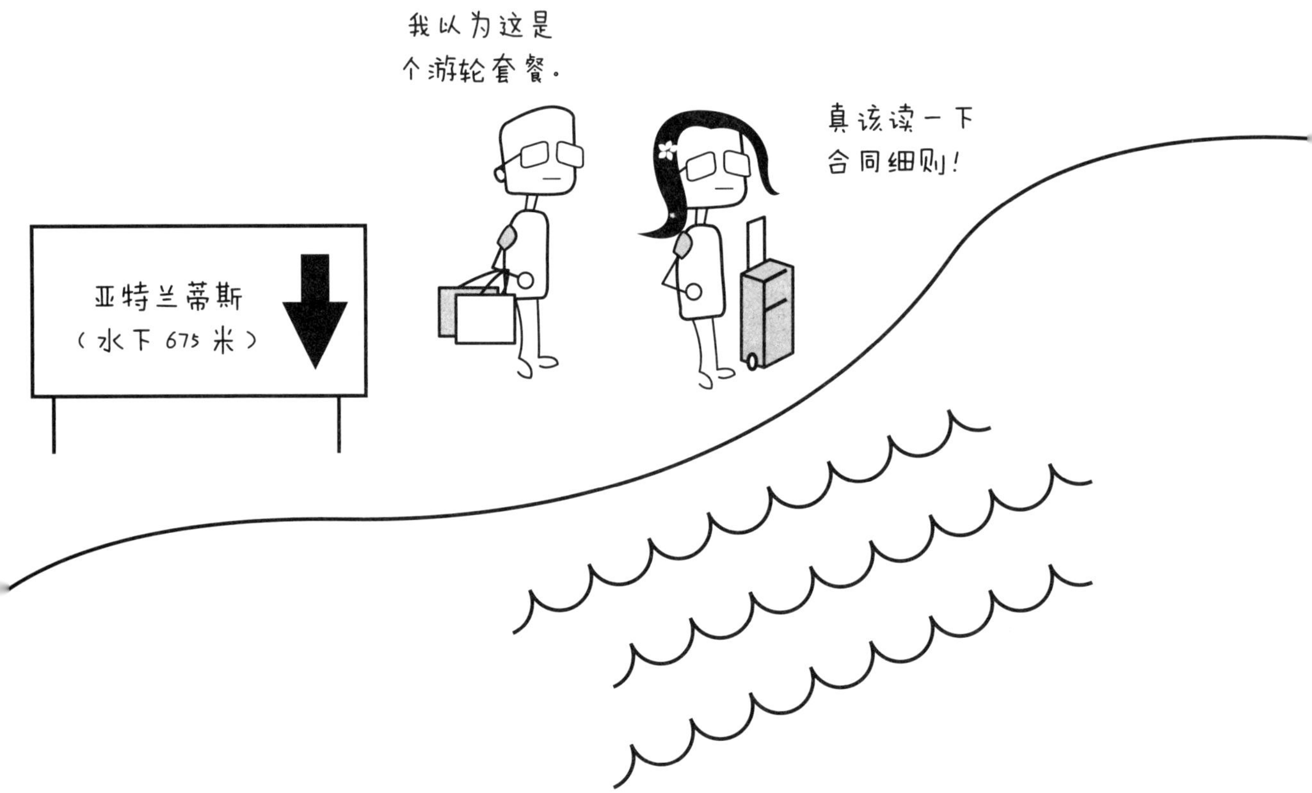

百慕大地区还有一起著名的失踪案。1918 年，美军的“独眼巨人”号（Cyclops）载着 300 多人毫无踪迹地消失了。该船很可能受害于恶劣的天气，因为它装载了 11000 吨镁矿石，严重超载。后来还有 2 艘同类的船也沉了，怀疑是结构缺陷。

关于百慕大三角离奇的失踪，最新的解释听起来颇有科学性。美国的科学频道（Science Channel）宣扬一种理论：该区域的卫星云图上出现些罕见的六边形云团，很可能与灾难相关。据报道称，六边形云团产生微湍流，向下的气流时速高达 300 公里，宛若“气爆弹”，明显会威胁到舰船、飞机。但此说至今尚未证实。

总之，尽管对于百慕大的失事事件没有确定的解释，但在大多数情况中，合乎逻辑的证据多指向机械故障与气候因素，而非乌贼、水晶能量或神灵等等。看来，百慕大三角最凶险的东西不过是迷信。

濒死体验是怎样的？

描述典型的濒死体验（near-death experience, NDE）容易，要解释清它到底是什么，至今还做不到。

人们由于重伤或危症而濒于死亡并不罕见：心脏停搏、脑电波线平直……假如情况持续下去，人便难免一死了。但许多人却得以脱离死亡边缘，重续正常的生活。

其中一些人宣称经历了濒死体验，通常是一种灵魂出窍的感觉：魂魄漂浮到手术台的上方俯瞰自己毫无知觉的躯壳；或者被尽头灯光引领着深入一条隧道，与逝去的家人、亲友会面，感到与宇宙合为一体；或者邂逅某种圣灵。也有不那么令人愉快的濒死体验：感到完全的虚无；或者置身于满是魔鬼与猛兽的场所。不过还是积极的体验占绝大多数。

人在濒死时何以会生出如此生动的画面呢？有观点认为：当某人大脑活跃度趋于零、处于濒死状态时，他的精神活动将独立于大脑存在。此乃灵魂信仰的典型观点之一，拥有颇多拥趸。但科学家却坚信，我们的精神世界由大脑产生，并依赖大脑而存在。

2001年，一个荷兰研究小组在《柳叶刀》（*The Lancet*）医学期刊上报告了他们对心脏停搏患者濒死体验的研究。以心脏停搏、脑电波消失为标准，他们界定出了一小段时间区域，从中筛选出最可能体验濒死状态的病人。研究者想了解：在大脑失去功能的瞬间，如何感知躯体之外的清醒意识？

研究中有明显濒死体验的患者不到10%，他们描绘的细节却很怪诞：某男性患者记起了身边医生做的一些具体事情，比如取出他的假牙，他甚至感受到了医疗组的沮丧情绪。

其他学者对该研究的反应可想而知，在同期的《柳叶刀》上便有篇社论，辩称很难确认病人的濒死体验正好发生在脑电波消失的时刻，而非此前或此后。也有论者质疑病人叙述的真实性，因为有几个患者先是讲没啥体验，两年后再度问及时却改了口。荷兰团队回应称，由于多数患者并没有濒死体验，可见流行标准解释——大脑对缺氧或高浓度二氧化碳的反应——未必合理，否则几乎所有的患者都应有那些体验。

对于该研究的质疑主要集中在：当脑电波已明显消失时，还会有精神活动吗？患者对于濒死体验的叙述如何能证实？

知乎…… 1977年，玛利亚女士在西雅图医院经历了心脏停搏。她脱险后的第二天，称看到自己悬浮在手术台上，并在窗外的窗台上看到一双独特的网球鞋。无论放鞋的位置还是鞋的细节，都与玛利亚的叙述吻合，看起来濒死者可能会体验到某种灵魂出窍。但随后，两个怀疑此说的人回到医院，在同一窗台上放了一只鞋。他们注意到了两点：其一，从地面很容易看到鞋，所以很可能有人当玛利亚的面提到过那双鞋；其二，更要命的是，从病房里甚至躺在床上，都能将鞋看得一清二楚。

许多濒死体验都涉及了灵魂出窍，通常是患者居高临下审视着自己躯体与医护人员。这简直匪夷所思，尤其是在心脏停搏的情况下。近期的一项研究便希望对此进行突破，研究者在急救手术室安置了架子，并在其上放置了一些物品，人只有高悬空中时方能看见那些物品。

在2000多例医院收治的心脏停搏患者中，有330人得以幸存，其中只有少数人有濒死体验。最终，只有一个患者描绘的病中场景可以取信，却没人能说出藏在架子上的任何东西。

有些小的研究偶尔会带来新的发现。2017年，加拿大有项研究发现，在4名被拔掉生命支持设备的患者中，有一位心脏停搏后，特殊脑电波仍活跃达10分钟之久。这虽是孤证，但大大出人意料。新近还有项研究发现，大鼠在心跳刚停后，大脑的活跃度有一波迸发，强度甚至超过清醒的大鼠。这也很让人意外，这种活跃是由于大脑受到了冲击，还是老鼠受到了点化？

对于濒死体验，笃信者与怀疑者相争不下，其争论的核心恰是最具挑战的科学谜团之一：意识。人们在清醒时体验到的思绪、梦想、构思与形象，究竟如何由大脑产生？大脑对于它们的产生是否不可或缺？许多濒死体验的笃信者认为人的意识可以不经大脑，科学家们则与此意见相左。

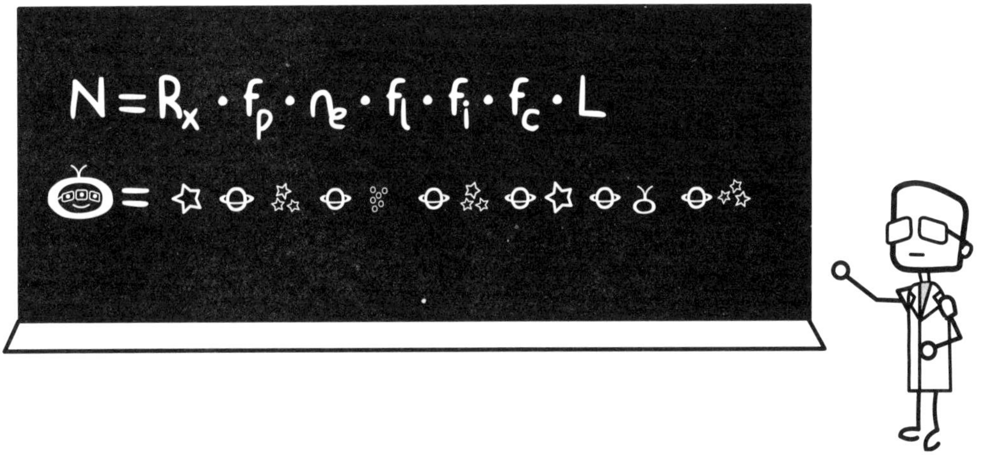
N=Rx · fp · ne · fl · fi · fc · L

历史迷雾

彩虹七色光破解之谜

人们将七色光的发现归功于牛顿。牛顿乃史上最聪明又难以捉摸的科学家之一，他常被漫画成被苹果爆头的矮胖墩，这自然很不公平。作为科学家，牛顿是独一无二的，在 20 岁出头时，他仅用了一年半便发明了微积分，并着手构建解释重力及光学的理论。这后来被冠以“牛顿的奇迹年”（Newton’s annus mirabilis）——不算太准确，其实是一年半。

后人视牛顿为大科学家，可他也醉心法术，是个点金师与神学家，在这些领域著述两百万言，两倍于他的科学论著。

因此，约翰·凯恩斯（John Maynard Keynes）[①]拒绝视牛顿为人类首位科学巨匠，而称其为“最后的方士”。

彩虹的色彩很是魔幻，可由于习以为常，今人很难想象当初牛顿首次提出彩虹的多彩来自阳光的分解时，人们是怎样的惊诧莫名。

① 约翰·凯恩斯（1883—1946）英国经济学家，现代最有影响的经济学家之一，被后人称为“宏观经济学之父”。

知乎…… 可见光谱之外仍有各种波长的光，它们的波长要么太长，要么太短，都不能为人类视网膜识别。很好想象，彩虹的七色之外仍排布着其他的光：紫色渐消紫外线起，红色褪尽红外线生。

牛顿长期坚称阳光由五种光组成：红、黄、绿、蓝、紫。在至少 27 篇论文中，牛顿都维护五色说。可突然间，他宣布橙红与靛蓝也应加入彩虹：靛蓝拥蓝靠紫，橙红倚红偎黄。是什么转变了牛顿的看法？

牛顿已有能力将阳光按色系分开，以通常的从红到紫的顺序排列，并测量它们在光谱中的相互距离。他甚至还细致地解释，尽管各颜色差别鲜明，但在彼此交界处却渐趋融合、界限模糊。光谱上红、黄、绿、蓝、紫五色很突出，而在两色之间的地带，却也并非只是混合色，仔细甄别或许会发现其他颜色。牛顿正是在详查之后引出了两种新颜色。

有人讲牛顿建立七色系统是由于数字 7 带有神秘性。作为“最后的方士”，牛顿信奉数字 7：不仅太阳系由 7 颗星组成（那时的看法），常见的金属也是7种。有人以为牛顿在构想色谱时可能借鉴了画家的调色环，其中一些调色环或许恰好将色系分成了7色。还有人认为画家的色环是牛顿色环的改进版：一些颜色的排列位置对画家很重要，科学家却对此无所谓。①

我个人最喜欢的解释是：牛顿欲将阳光的颜色与音乐相联系，两者或许都有数学底蕴。其时，牛顿已论述了音乐与引力的数学关系。牛顿时代的音阶是对称的，总共7个单音——5个全音被两个半音分开。② 所以，牛顿可能认识到：如果在选定位置插入橙红与靛蓝，光谱便和音阶完美契合了。音阶大众都熟悉，将光学理论与之类比有助于理解。不过，光谱与音阶最多只是相似，因为支配它们的数学关系并不相同。

还不清楚牛顿为何要将光与音乐相联系。他承认过自己不擅长辨别彩虹中颜色之间的过渡，也许音乐能帮他判断？也许正是借助了音乐，牛顿创造了人们熟知的色谱。

---

① 克劳德·布泰（Claude Boutet）调色环出现于1708年，可能是最早的基于牛顿色环的实例。在该色环上，互补色相对排列（比如红对绿），方便画家运用互补色来增强效果。

② 教会音阶盛行其时，英国教会音乐使用一种“多里安调式”，以自然音阶的D音为主音排列，顺序为“全半全全全半全”，恰与牛顿的色环相契合。

知乎…… 关于牛顿彩虹，最著名的描画之一出现在平克·佛洛依德（Pink Floyd）[①]《月影》（*The Dark Side of The Moon*）的封面上。多数人都没发觉封面上的彩虹只有六色，既不是常规的七色，也不是牛顿弃用的五色。少了哪一色？我看像是靛蓝。

① 英国摇滚乐队，1965 年成立于伦敦，20 世纪七八十年代风靡全球。

第二章

人体

The Body

为什么会打嗝？如何停下来？

这两个问题得分开来讲，因为“为什么打嗝？”本身就包含了两个问题：人为何容易打嗝？打嗝带来什么反应？

打嗝时身体的反应有点儿复杂，涉及大脑、胸部肌群以及隔膜。隔膜恰横在胃的上方，其运动促成了呼吸：隔膜松弛便会拱起，空气被从肺部排出；它收缩时会下沉，空气被吸进肺。人打嗝时大脑的延髓部分指令隔膜迅疾下沉，这通常会导致猛抽一口气，但就在吸气开始 1/35000 秒后，声门突然关闭，切断来气，于是便打嗝了，仔细听，声音反映了全过程：气流瞬间涌入，刹那阻断。

与成人比，打嗝在婴儿中寻常得多，对胎儿更是如此。8 周的胎儿隔膜还没长全便在打嗝，通过 B 超可以看见，几分钟一下。人岁数大了，嗝也打得越来越少。

科学揭秘！ 打嗝似乎仅限于哺乳动物。我们见过老鼠、猫、兔子、马和狗打嗝，却从没看见爬行动物、鸟类或两栖动物打嗝。

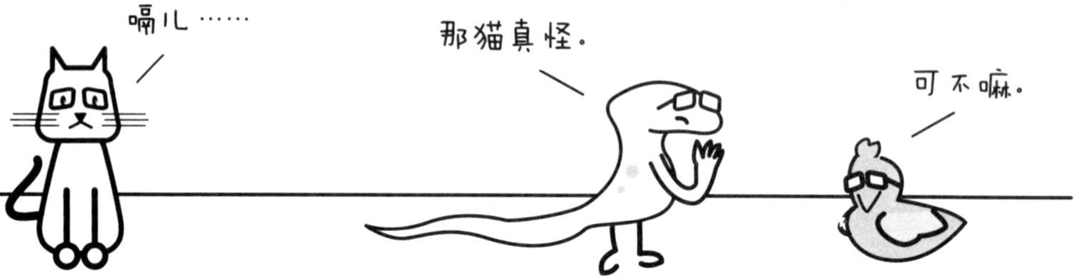

打嗝的原因主要有两个。一是对刺激的直接反应，一系列的事都可诱发，比如过量饮酒，吃得太多（尤其是辛辣食物），喝含气饮料，或者大笑不止等。这些原因造成的嗝，多数会持续几分钟，甚或也有一两个小时的。多类医学因素也可以诱发打嗝，包括胃酸回流、溃疡、头颅骨折、多种感染、多发性硬化和脑部血栓等。曾有怪例，以一根头发探入人的耳道，撩拨其耳膜便能引发打嗝。乍看多般原因皆可引发打嗝是很古怪，但细想也好理解，毕竟一个嗝要牵扯大脑、隔膜与众多的肌肉，并需神经在其间往来穿梭。

打嗝有时会“经久不息”，其发生的概率远比人们认为的要大。一项研究发现，在 1935 年至 1963 年间，有 220 例打嗝至少持续了两天，最长的一例超过了两个月。男性持续打嗝的发病率是女性的 9 倍，多数持续打嗝者都会好几天不停地打嗝，随后便会消停好多日子。

知乎…… 持续打嗝时间最长的世界纪录由已故的查尔斯·奥斯本（Charles Osborne）保持，他从1922年开始打嗝（时年28岁），持续到1990年，有68年之久！你兴许会猜打嗝定是彻底毁了他的生活，但他事业有成，还养了8个孩子。最终打嗝停歇了，不出几个月，他也去世了，真是造化弄人。

那么，身体为何存在打嗝机制呢？不像恶心、呕吐、咳嗽，打嗝既不能有效排除体内毒物，又不能清理呼吸道。考虑到打嗝最常见于幼时并仅限于哺乳动物，加拿大皇后大学的丹尼尔·豪斯（Daniel Howes）博士提出，打嗝对哺乳动物的婴儿至关重要。他认为，婴儿吃奶时会一同吸入大量空气，占据食道。此时在胸腔制造少许真空，将空气抽到隔膜以上，再通过打嗝排出，便能给更多的奶腾地方。

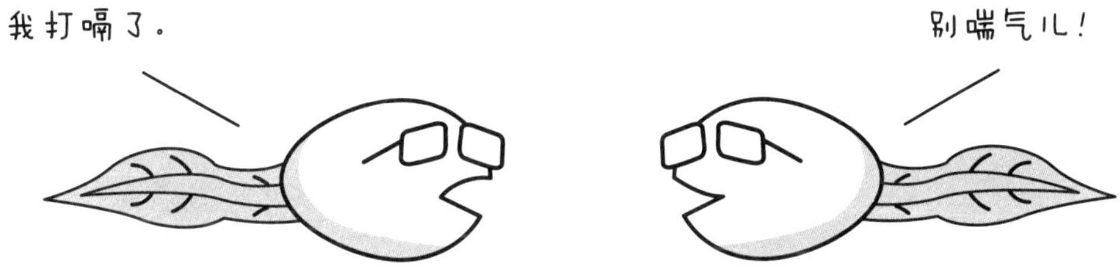

还有个挺煽情的说法，说打嗝是远古时的遗存。那时蝌蚪才开始适应呼吸，鳃与肺并用，二者切换时，要关闭通向肺的气流，开放通往鳃的水流。与扩张胸腔的同时关闭声门不无相似之处。人类众多的神经活动，其溯源都远迈百万年前，打嗝忝列其中又有何妨？

成因复杂，可供治疗的选项自是五花八门。对于多数重症者，药物治疗乃是保留项目，但仍不乏大量偏方可用，有些还显得相对科学。

试试看…… 下次你要是打嗝，试试连续吞咽10次，然后屏住气。这是我的看家货，背后的道理很科学：在你屏息之后，血液中二氧化碳水平升高，二氧化碳在此具体起什么作用尚不特别清楚，从神经上讲也许是镇静了膈肌，减少了引发打嗝的因素。这有点儿像你往一个纸袋里吹气一般。

别瞎试！我父母也有治疗打嗝的偏方，取一满杯水从最远端的杯沿儿喝水，即杯子向外倾，你的嘴跨过杯口够着去喝水。这姿势不但难拿还有个问题：通常会引来更多的嗝，还得溅一身水。

权威的《新英格兰医学杂志》（*New England Journal of Medicine*）发布数据建议，一勺原糖可治愈打嗝。在一次研究中，这办法20次中有19次管用，在研究的各种方法中名列榜首。1999年，《加拿大家庭医生》（*Canadian Family Physician*）刊载一文，作者罗纳德·德斯坦（Ronald Goldstein）声称，让打嗝者堵严双耳，随后用吸管喝一大杯水颇有奇效。可惜，他这套办法没有数据支撑。

其实，许多打嗝治疗法的研究都苦于样本太少。有一项2000年时发表的研究，言及性交乃治嗝利器，但参考样本仅有一例。一个4天来不停打嗝的男人。用棉签按摩喉咙一分钟，据说也很管用，但也是孤例。

最惊人的疗法当属手指直肠按摩，尽管为该疗法背书的论文有 3 份之多，但鲜有患者甘愿一试。此法若有效也并不出我意料，直肠神经丰富且通达全身，倘按摩得法，祛嗝之功效似颇可期待，但麻烦的是到哪儿招募些志愿者一试疗效？

自己胳肢自己为何不痒痒？

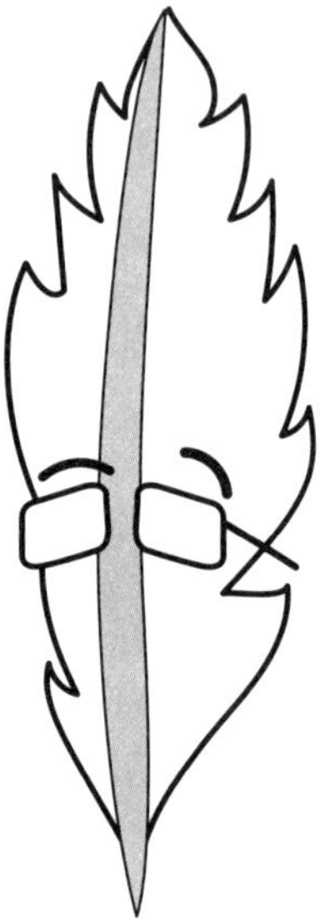

乍看这个问题，在科学上不像有啥了不起的重要性，但考虑到达尔文以来的一众科学家皆对胳肢着迷，它似乎另有深意。

胳肢分两种，一为用羽毛或棉签等物于皮肤轻扫，那感觉恼人胜过搔痒，所触发的并非一笑，而是突然的、甚至激烈的退缩。其情颇似毛毛虫在皮肤上爬。

另一种挠得重很多，会引发控制不住的大笑。虽然人在笑，却见其挣扎、躲避，故是否享受颇可争论。于是便引出了更深的问题：被胳肢时，人为什么笑？

知乎…… 路易斯·罗宾逊（Louis Robinson）博士在1907年撰文，题为“发痒的科学”，内称脖颈、腋窝、肋部、髋部、大腿、膝盖窝及肘窝为身体最怕痒的部位，不仅人如此，多种猿类和猴子也类似。他讲上述部位之所以怕痒，乃因这些地方在近身肉搏时最容易被攻击，但他没解释为何脚底板如此怕痒！

搔痒与笑话都能引人发笑，在达尔文看来二者的共同处在于都具有意外性。胳肢自己、给自己讲笑话都不好笑，因为全无意外感。在20世纪70年代早期，一组英国研究者造出一种精巧的“搔痒箱”，以测试意外与发笑的关联。志愿者置其足于箱内，以塑料小棍搔之。

试验箱的关键在于搔痒棒可由受试者本人或者由旁人控制。30名大学生参加了测试，结果如何呢？当由旁人控制搔痒棒时，受试者的瘙痒感强烈得多。当受试者被遮住双眼，以机器替代人工搔痒时，他们同样笑得很欢，说明搔痒者不是非人不可。

随后变换了试验形式，以一根羽毛替换了搔痒棒，如果由旁人手持羽毛，则瘙痒感至为强烈;但假使受试者自己握着羽毛而由旁人执其手控制羽毛的移动，瘙痒感大减。这似乎再次说明，意外性决定了感觉的强弱，如果动作可预测，效果会大打折扣。

试验进一步微调，以测试搔痒动作的时机是否重要。受试者可以控制一部机械手给自己搔痒，若人手与机械手动作一致、没有延迟，受试者不会发笑;若二者之间有延迟，则发笑。延迟时间越长，瘙痒的感觉越强，显然因为那更难以预测。

另一英国团队用脑成像进一步测试搔痒。结果显示：当人自挠时，小脑处于活跃状态。这好理解，因为小脑处于脑后部，主管动作协调，比如人在弹钢琴或拧螺丝时都要用到小脑。研究者认为，除了协调搔痒的动作外，它还通知了大脑的其他部分将要发生什么动作。

不过，为什么人们常常在得知快要被胳肢时笑得特厉害呢？斯德哥尔摩卡罗林斯卡学院（Karolinska Institute）的研究人员回答了这个问题。他们对比了两组人员的脑电图，分别是已被搔痒与将要被搔痒的人，吃惊地发现几无明显区别。科学家视此为大脑对威胁提前做好了准备。胳肢不是要命的威胁，有人作势要胳肢你，大不了是被胳肢。但在许多其他场合，肢体行动往往意味着严重的威胁，大脑预见来袭可以更好防备、避免伤害。

精神分裂患者是个有趣的例外，他们常难于辨别哪些是自己的动作，哪些是他人的。幻听幻觉者提供了很好的例子：总仿佛听到他人的声音，或者总感到有人操控自己的生活。对精神分裂者而言，自己搔自己同幻听一样，也可以错乱成是他人所为。其实，不仅真正的病人如此，即使那些有精神分裂倾向的人，比如幻视、偏执、行为古怪人亦有可能。

科学揭秘！ 那些特别怕搔痒的人，往往更容易脸红、哭泣、起鸡皮疙瘩，也更容易笑。

梦似乎也值得注意，作为纯粹的幻觉产物，它将一点点的感情涟漪幻化成多彩的幻境。有一个实验便显示，一些受试者刚从梦中醒来后，对自己搔痒特别敏感。可令人费解的是，这些人全部是女性，该研究中的男性都没有这种倾向。而且此研究的样本太少，不具说服力。

与许多科学问题相比，研究胳肢似乎颇显琐屑。但它其实涉及了精神健康，同区分自我与他人的能力息息相关。

宿醉 …… 何解决？

人类初品美酒约在 …… 恐怕就在第二天。奇怪的是，宿醉何以引起，如何阻止，……

饮酒的人不一定 …… 会宿醉。《英国医学杂志》（*British Medical Journal*）有项宿 …… 无确凿证据显示宿醉可有效控制饮酒量”。

宿醉引起的不适 …… 一个长长的症状清单，包括：疲倦、头痛、困倦、口干、…… 还有一系列精神反应，比如注意涣散、记忆不佳等。

知乎…… 宿醉的折磨与脱瘾的煎熬不是一码事儿，尽管二者的许多症状比较雷同。人哪怕只喝高一回就能宿醉，而只有长期大量饮酒后猛然戒酒的人才会出现脱瘾症状。同时，一些最严重的脱瘾症状是宿醉所没有的，比如震颤性谵妄（delirium tremens），其表现症状包括幻觉、出汗、颤抖、高烧甚至突发疾病等。

有个值得注意的现象：出现宿醉时血液中的酒精浓度下降，症状最严重时血流中已不见了酒精的痕迹，但宿醉仍要持续 24 小时。原因何在呢？与两类嫌疑物有关：一种是酒精的代谢产物，另一种是伴随酒精饮料的其他化学物质。

体内的酒精初步代谢为乙醛，然后进一步降解为乙酸，并最终分解成水与二氧化碳。已知高浓度的乙醛可导致面部潮红、心率加快、血压降低、口干、恶心与头痛，这些都与宿醉的症状匹配。不过，乙醛在体内分解得极快，似不应在宿醉中扮演如此重要角色。

动物实验显示：也许乙酸更为关键。在令大鼠摄入纯酒精后，以尼龙短丝刺其眼周围皮肤，测试它们的痛阈。实验的结果明显：它们避缩的程度与没摄入酒精时相同。就是说，宿醉仅限于人类，动物对乙醛的反应方式与人类不同。不过，实验带来一个好消息：咖啡因似乎能缓解疼痛。其实，咖啡标榜自己能缓解宿醉已逾百年，此番发现颇为有趣。

另一些宿醉嫌犯是“同系物”，也就是酒类发酵、蒸馏过程中产生的化合物。根据导致宿醉的效力，有个酒类排行榜：杜松子酒与伏特加最弱，红葡萄酒、波旁威士忌位列前茅，白兰地最厉害。

随机双盲法乃科学研究的利器，但在人类诸般行为中，它对饮酒最为无奈。受试者或领到安慰剂，或领到酒，无论受试者还是研究者原本都不该知道谁拿到了什么。常有传言说：聚会时有人被骗以为饮了酒，随后便真的形若醉酒。但这可能发生在实验室吗？受试者喝下安慰剂会不知道那不是酒？研究者难道真分不清？连搞清症状的起因都困难重重，更何谈治疗之道呢？

在谷歌上搜索“宿醉治疗”或“宿醉缓解”会有几十万个链接，翻阅一下，做过系统科学评估的几乎没有，这毫不奇怪。

一份科学综述将一些网上的宿醉治疗偏方（包括阿司匹林、新鲜空气、蜂蜜、圆白菜，以及至少 3 种“以酒攻酒”的方法）与少数研究实例相比照，结论是：即使发表在科学期刊上的研究，也别太当真。诸如对仙人掌、洋蓟、干酵母等的研究，它们所暗示的疗效，要么样本少到不足信，要么出于某种原因实验需要重做。总之，综述的作者断言，没有证据表明哪种干预是有效的。

好吧，我引用《英国医学杂志》上这篇综述中的另一段作为本篇的结尾：“避免宿醉症状的最有效方法是：戒酒或者饮酒适量。”

排尿定律是什么鬼？

排尿定律自不可与万有引力定律相提并论，但它对人们日常生活的影响一点也不比引力小，而且它也有赖于引力。

排尿定律的定义如下：一切大型动物（体重超过 3 千克）排尿用时相同。自然，任何定律都无法精确得毫厘不差。偏差总会有，故而定律应严谨地表述为：大型动物排空其膀胱，不间断用时为 21 秒 ±13 秒。就是说，最慢的需要半分多钟，最快的只要 8 秒。

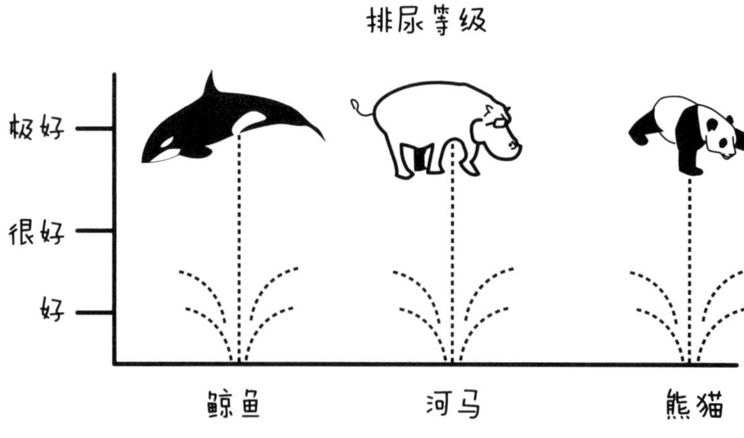

知乎…… 如老鼠般的小动物尿不成行，仅限点滴行事。

如果你仅满足于此，便难免错失一些特别有趣的详情。虽然只有一篇科学论文研究排尿定律，但该论文提供了远比若干数据有趣得多的细节。该研究的部分证据搜集自 YouTube 视频，在科学史中堪称创举。佐治亚理工学院（Georgia Institute of Technology）的大卫·胡（David Hu）及其同事，在亚特兰大动物园等地拍摄了 16 段视频，连同 YouTube 上找来的 28 段视频一起，使他们可以看到很多不同动物的撒尿过程。这些动物的体重相差 20 多万倍，轻至 30 克，重逾 8 吨。体型悬殊若此，尿尿的时长却相差甚少，何竟如此？

尿路结构似能解释大半。所有动物的膀胱皆以尿道与外界相通，尿道的长度为其直径的 20 倍，好比是咖啡搅拌棒的长粗比例。老鼠的尿道微如细绳，大象的则粗若浴缸管道。但它们的长粗比却出奇一致。

膀胱也很关键，它是个肌肉构成的囊，能施加相当于 49 厘米水柱高度的压力来排尿。膀胱的大小与动物的体型保持比例上的一致，体型越大，其膀胱容量也成比例地增加。

尿的流速主要受制于两个因素：膀胱的挤压与尿液的重力。膀胱大的动物尿路也长，尿路越长，其间堆积的尿液就越重，底部压强也越大。于是大个动物尿多而速急，小个动物尿少而速缓，二者的用时保持一致。

通过分析，论文作者有两个推断：其一，动物在膀胱充盈时方撒尿；其二，为了充分利用重力，它们的尿液总一路向下。这两个推断多数情况没错，可也有明显的例外。比如，遛过狗的人都知道，狗既可以尿得特别勤，频繁到每一分半钟一泡；但更多时候它们憋着，因为要用狗尿标示领地，得省着用，可别关键时刻断了货。

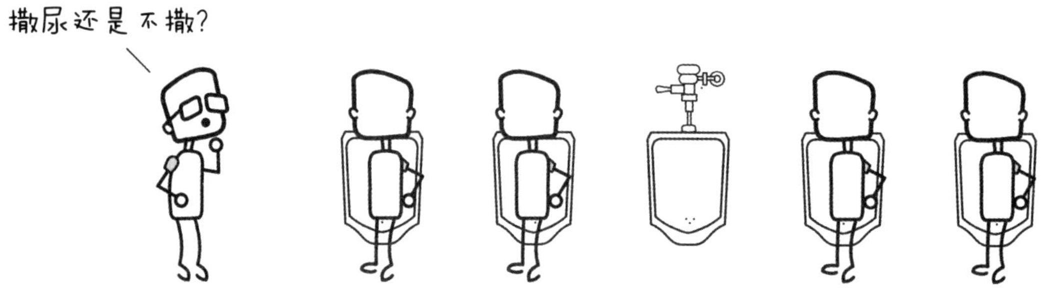

说到重力，有些动物却偏要竭力同它拧着来。比如雄性大熊猫，为了逞能，使出吃奶的劲往树的最高处尿。它们的尿姿非比寻常，几乎呈倒立状，因而重力的推送功效遗失殆尽。不过，如果不这样，怎能彰显它的统治力呢？熊猫中的真汉子排尿时才不需要什么重力。

亦真亦幻！ 有个未经证实的传说，1646 年，科学家帕斯卡（Blaise Pascal）发明了个器物，名为“帕斯卡之桶”。他将桶灌满水并插入 10 米长的直管，然后在管中也灌上水。直管中的水压将整个桶撑破了。超大型动物排尿与小型动物用时相仿，其机械原理也与这相同。

明显受到排尿研究成功的鼓舞，那些科学家进而测量各类动物排便的用时，竟得出了相似的结果。甭管多大的动物，猫也好象也罢，每次排便耗时 12 秒 ±7 秒。该研究发表在《软物质》（*Soft Matter*）期刊上。绝配。

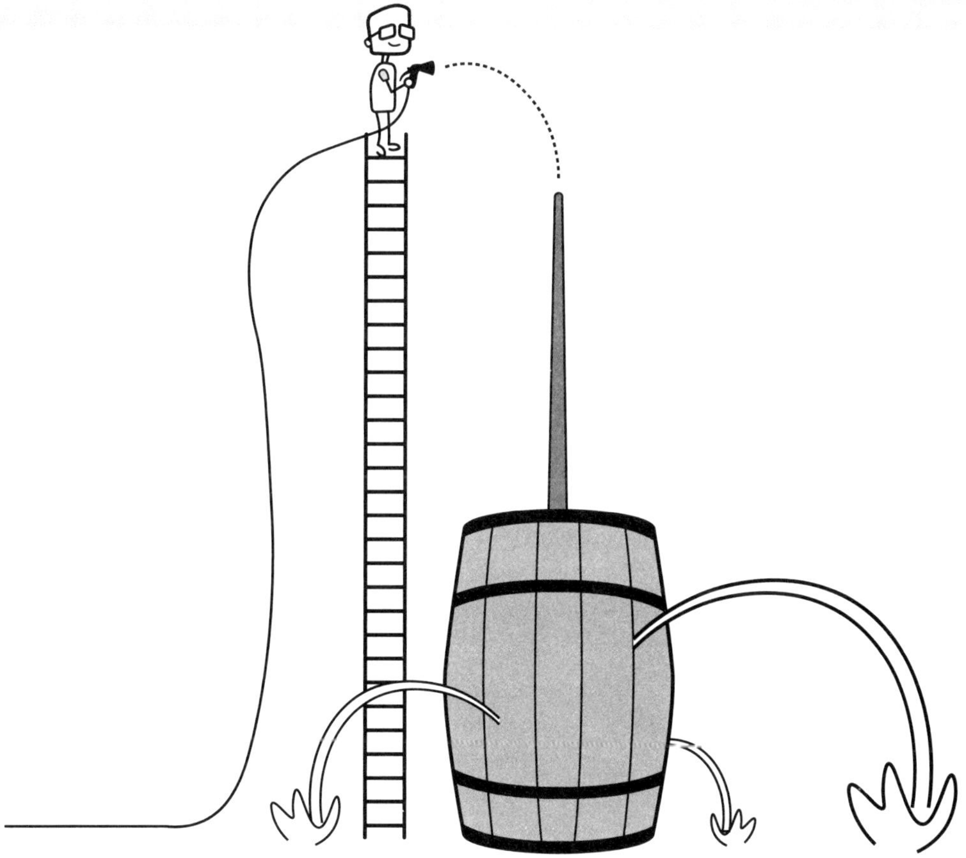

两岁前的事情为何啥也记不住?

看到这个标题，你恐怕在想:“且慢！ 1岁生日我记得可清楚呢！”，或者“第一次去尼亚加拉瀑布，我才1岁半，现在还记得！”不过，此类事情不必真出自实际记忆，看看照片、听人讲讲，次数多了便容易当真。当然，也不排除有个别天赋异禀之人能记住一些婴儿期的事情，但比例估计不超过百分之一二。

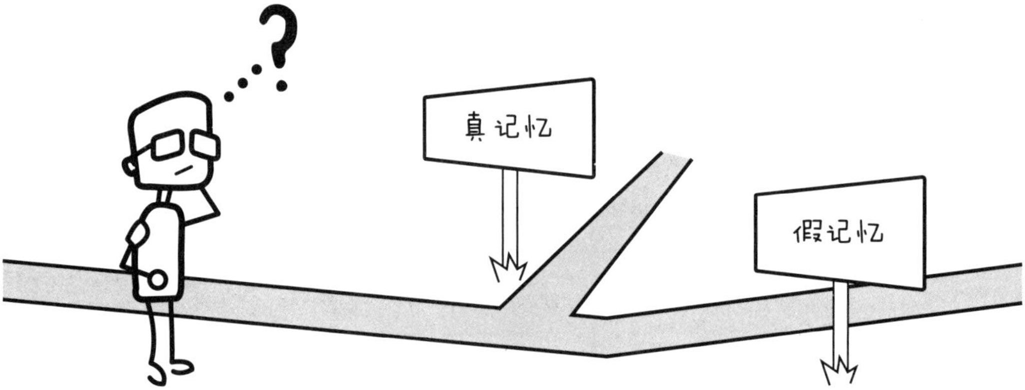

对绝大多数人而言，最早的记忆可追溯到 3 岁或 3 岁半左右。在此之前，婴儿的大脑发育迅速，在这一过程中，大脑所存储的记忆似乎神秘地消失了。

有研究者试图证明 2 岁以下的孩子也能存储记忆，可由于孩子太小，不通言语，取证困难。不过有两位新西兰心理学家，哈琳·海恩（Harlene Hayne）与加布里埃尔·西姆科克（Gabrielle Simcock）找了种变通方法，造了架“魔力收缩机”（Magic Shrinking Machine）。

机器用于刚满 2 岁到 3 岁出头的孩子，每个孩子要先学会启动机器（拉一下连着灯开关的手柄）。一个研究者放个大玩具进机器，待玩具消失在机器里，他再转一下手柄，机器里发出一系列响声。最后，向孩子示范如何从机器里取回玩具。瞅好了，孩子取回玩具时，它缩小了！（至少看起来像是缩小了。）孩子将动作重复 7 次，每次取出不同的玩具，玩具都魔术般地缩小了。实验结束时，孩子们全能独立重复整个过程，都记清楚了该做什么。

分别在 6 个月后及 1 年后测试这些孩子，看他们是否记得“魔力收缩机”，能否操控它。测试用了两种方法，先是口头测试，询问孩子们有关“魔力收缩机”的问题，比如“上次见你玩的游戏特别棒，你还记得什么？跟我说说。那些玩具都叫啥名字？我们怎么操控机器来着？”

然后，研究者给孩子看一些照片，上面有“魔力收缩机”、玩具以及装玩具的口袋，试图诱导出他们的非语言记忆。研究者甚至还带来了那台机器，看孩子们是否会操作它。他们发现：当初年纪越小的孩子，记住得越少；时间过得越久，记忆的效果越差。他们还发现：某个孩子即使现在已掌握了有关机器的相应词汇，即使非语言测试表明他记得机器的一些细节，但如果他当初不具备描绘机器的语言能力，现在也说不出个所以然。这说明，早期记忆的能力受制于语言处理能力。

又过了 6 年，孩子们再次接受测试。许多人记起了那个机器，其中的一些孩子当初只有 2 岁。这个有些意外的发现表明：语言造成的障碍并不像先前认为的那样难以逾越。但对于许多测试项目而言，言语的影响仍颇为显著。

如何唤醒你的记忆

要形成清晰透彻的记忆，哪些条件是必需的呢？人们提出了不少理论来解释这个问题。有人认为：2 岁左右，大体与学话同步，人开始形成自我概念，在此之前则无法形成记忆。人们尚不知二者的关系如何，不过有证据表明，父母与孩子之间的语言交流对记忆的形成特别重要，特别是那些能用语言描绘的记忆。

知乎…… 华盛顿的一位餐厅侍者宣称，当客人再度光顾时，他能准确复述客人上次的点餐。他还确定自己记得起 1 岁以来的各种事情，但大家没办法验证他的那些童年记忆。

诚然，发生在婴儿期的某些事情，特别是那些极度的惊吓与创痛，能终身影响人的情感，但这些“记忆”并非主动记住的。处于发育的大脑更易于遗忘，它忙着快速搭建各种结构与神经网络，为形成永久记忆准备必要的基础。形成记忆涉及多个复杂的步骤：记录，稳固，为储存进永久记忆区做准备。每一个步骤处理起来都相当复杂，如果一条记忆根基不牢，它会在处理过程中遗失掉，被永远忘记。

知乎…… 其实，忘记一些经历十分必要。有极少数人记忆力超群（也可以说是忘记力超差），能鲜活地记起所经历的每件事情，他们往往特别不幸。有位A女士（涉及隐私，隐去真名），记忆日期的能力异乎寻常，却一点儿不为此高兴：“众人都说那是天赋，我却视它为负担。每天，我的整个人生都在脑子里转悠，真让人抓狂！！”

所以，当你探幽记忆、追寻幼年时光时，钩钓出的些许微茫记忆，很可能是你2岁时的遗存。那时，你的大脑正在拼命地构建一个可靠的记忆系统。一旦长到五六岁，记忆系统已大体就位，真正的记忆——那些细节丰满的旧日往事，应时而生了。

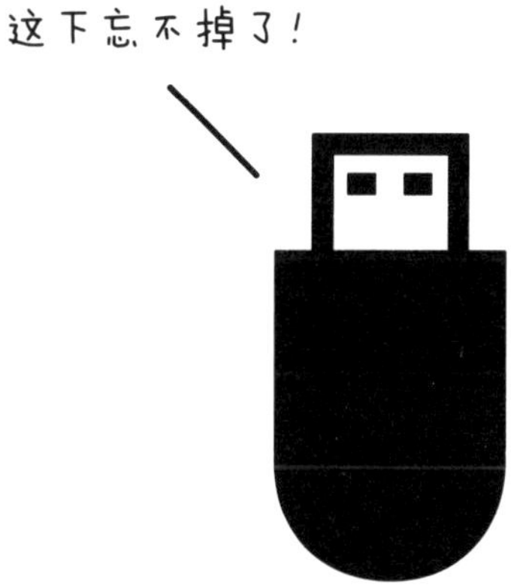

我们能总是笔直前行吗？

据说，迷路的人总在原地绕圈圈，而他却自以为在朝着正确的方向直行。经过近一个世纪的科学研究终于证实：当没有地标或参照点作指引时，人会不可避免地偏离直线。

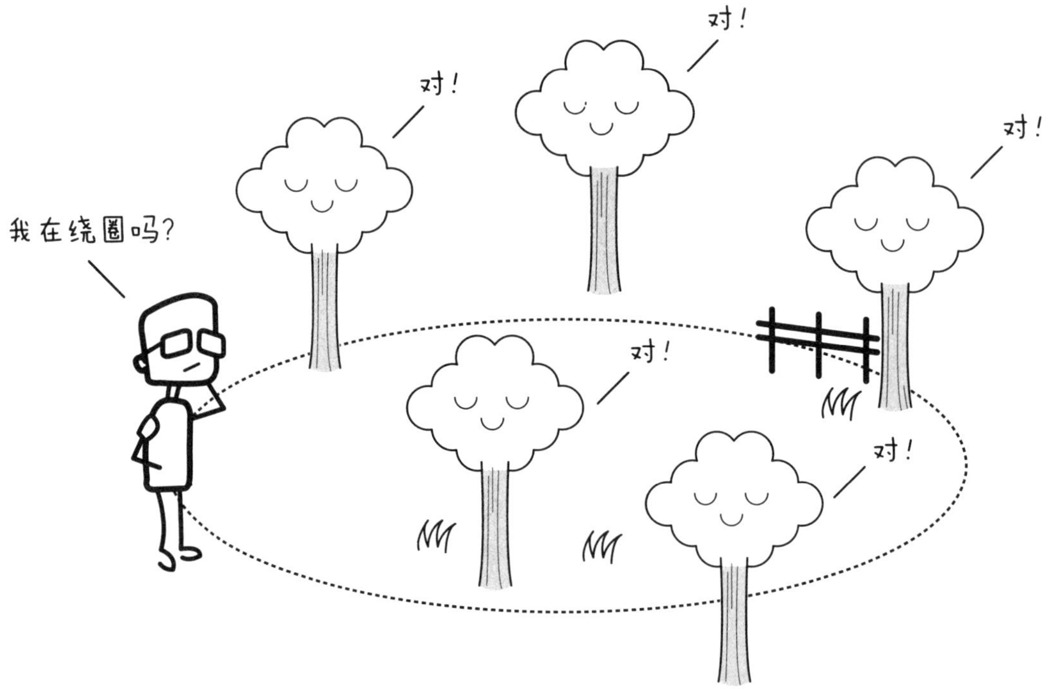

1928 年，阿萨 · 谢弗（Asa A. Schaeffer）发表了一篇名为《男人的螺线运动》（*Spiral Movement in Man*）的报告，尽管有此标题，但谢弗在实验中还是男女通测，甚至还有一个 9 岁的男孩。他蒙住受试者的双眼，让他（她）们沿直线分别行走、游泳、划船或驾驶。（为安全起见，蒙眼驾驶时伴有副驾。）

上述实验多数（游泳和划船例外）在开阔的堪萨斯原野进行，谢弗发现，不仅没有测试者能笔直地行进，行迹还常常极度迂回，状似一系列的回环，颇应“螺线”之题。每个应试者都倾向于某个固定的转向，但当给予“左转”“右转”的指令时，他们却能照行无误。而令人啼笑皆非的是，当要求他们走圈时，一旦拐弯过急，有些人便会很确信地认为自己偏离了圆弧，错误地走了直线。

知否…… 据谢弗的报告称，沿着直径 40 米的圆弧走圈时，多数蒙眼的受试者感到与走直线没什么两样。

谢弗博士还为一些受试者的奇怪行迹画了草图或拍了照，他很确信这些螺线行迹，同变形虫、草履虫等单细胞生物的行迹如出一辙。他断言，螺线运动定是所有动物的运动特征。试验中，谢弗尽其所能去除一切可视的方位线索（比如让受试者打伞以遮蔽太阳），他还认同，在树林里迷路的人会转更大的圈，因为无法参照远处的地貌特征。

尽管在行迹追踪记录上，谢弗似乎煞费苦心，但一直有人怀疑这些近百年前的研究记录是否符合当代标准。于是 2009 年，德国马克斯 · 普朗克研究所（Max Planck Institute）的生物控制专家简 · 苏曼（Jan Souman）与加拿大和法国的同事，利用 GPS 追踪技术拓展了实验。实验分别在德国森林与撒哈拉沙漠进行，受试者有时蒙住双眼，有时不蒙。

受试者获准随意走几个小时。在森林受测的人只要太阳可见，便能保持近似直线；而阴天时他们则反复地转圈，有时甚至开始怀疑自己在重复老路。在沙漠阳光下，行走的人会慢慢偏离直线，但不至于划圈；夜晚只要月亮可见也没问题，可一旦阴云蔽月，人便开始转向，并最终奔向了起始的地方。

所以，结果与先前一致：人们走路会兜圈子，而且兜的圈要比认为的小。何以如此呢？这个问题更大。

有人认为，人的双腿并不一样长，或许相差了几毫米，尽管差距甚微，但走的距离长了仍会令人偏转。这解释不但荒诞，而且毫无证据。苏曼也测量了受试者的腿长，没发现双腿的差距与偏转的方向有相关性。有时，同一人在一次测试中往一边偏，在下一次测试中往另一边偏。

科学八卦！ 据说神兽“大胡”（Dahu）是法国山区的山羊或羚羊状的动物，身体一侧的腿明显比另一侧的短，这让它在陡坡上可以站直。登山对大胡而言形同儿戏，它一路攀上山巅，然后便困在了山顶。或许这便是谁也没见过大胡的原因。

另有人认为，人的螺线行迹是受科氏力（Coriolis）作用的结果，同北半球飓风的逆时针气旋同理。但科氏力的强度甚至不足以支配浴缸下水的漩涡方向，岂能扳转人的行迹？[①] 另外，尽管有人预想左撇子的转向会异于常人，可既有的研究并没发现有什么差别。

早在1930年，谢弗便提出，螺线运动的根源应该在人的大脑中。这样的假设如

① 关于浴缸下水的漩涡方向，可参考本书的前作《科学博士来回答》第167—170页。

今仍属常见。有人设想，在左右大脑的交替控制下，人要保持身体的平衡，兴许是转向行为的根源。

苏曼及其同事支持另一种可能性：不打弯儿的长距离直线行走根本不可能，维系人们行迹的感觉器官（特别是眼睛、人移动时的肌肉反馈系统、内耳的平衡系统）被大量涌来的众多不相干信息干扰，难以准确导航。

如果没有外部引导，比如罗盘、树丛、太阳或月亮，人们只得依靠接收大量的其他信息，包括身体的位置及方向感、时间的推移、移动时地貌的视觉变化等。如果这样的信息系统不能实时更新，重要的情况得不到关注，人们就会偏离直线。所以人们走偏的原因是——没法不走偏。

人的手与足为何都是五个指头？

不只人类，世上的绝大多数动物都是：五个脚趾、五根手指。为啥是五呢？五这个数哪里特别？

也有例外的：猪只有四趾，犀牛与鸸鹋[①]是三趾，鹿与鸵鸟两趾，马仅有一趾。这些动物在进化中缩减脚趾的数目，这仿佛是一种趋势：趾头数只减少，不增加。个中原因我们只能猜测了。比如有假说认为，马的祖先由森林移居到大平原，需要跑得更快，流畅的蹄形有助于更快奔跑，于是便蜕落脚趾，并一发不可收拾，直到减无可减。不过，最新的研究表明，马的进化与通常描绘的不同，并非简单的直线路径，这使得那些马趾缩减的大胆假说或多或少都难以自圆其说。

假使你穿越回 4.6 亿年前，那时还没有陆生动物，但鱼一样的动物已能离开水而呼吸了。作为首批陆地探险家，它们的四肢更像是鱼鳍而非脚，不过结构变化已初露端倪，比如出现了更坚固的肩关节，既增强了其水中的移动能力，亦有助于陆地爬行。

---

① 鸸鹋，一种产于澳洲，体型大而不会飞的鸟，也是澳洲最有代表性的走禽类动物。

这些被称为棘螈（*Acanthostega*）与鱼石螈（*Ichthyostega*）的远古动物，样子像是蝾螈的上身装配了鱼的下身。有些是八根脚趾，有些是七根或六根，颇像是在尝试不同的可能性，仿佛大自然在做一个宏大的试验，以决定此后 4 亿年到底采用何种方案。随着弃海登陆大迁徙的进行，脚蹼演变成了利爪，五趾胜出了。

知乎…… 为何动物离开海洋爬行于陆地呢？有新解释认为，离开海洋是为了获得更好的视野。光在水中散射得厉害，即使眼睛再大也无法抵偿；空气中则好得多，动物一旦离开水，视野更广，方便探索。

你也许想伸开五指，将它们抵住桌面思忖道：“是呀，要说支撑，最完美的数似乎便是五了。”不过我们也不太了解古代的环境究竟怎样，兴许遍地泥淖，需要更多的趾头提供更大的接触面积；也没准儿很干燥，速度对于捕食者与被食者而言都生死攸关，趾头越少，越轻便，则越有优势。

当然，没有动物可以预见一切，随着时间的推移，某些方面处于劣势的动物逐渐被淘汰。没多久（从地质时间上讲），六、七、八趾的动物都消失了，唯五趾者独领风骚。

科学八卦！ 熊猫有所谓的“多余的”拇指，其实是长在腕骨上的，算不得指头。

为什么趾头减少比增加普遍得多呢？部分原因在于基因。

手指在胚胎发育早期萌生（人类大概是在受孕 4 周时），控制指头发育的基因组与别的基因组互联——有时相连的是一些全不相干的基因组，比如控制生殖系统的。

趾头数目的增加会涉及大规模的基因修补，势必影响到其他系统，于是八、七、六趾的动物近乎灭绝了。但也有例外，非洲的西方爪蟾（western clawed frog）于五趾外另多一爪，且远离腕部，引得科学家们争论此爪算不算一趾。

只要基因系统运行顺利，多数动物都会在四肢的合适位置生出五趾（海明威的六趾猫为罕见的遗传例外）。在四肢发育时，一系列基因以精确的方式或抑制、或强化，形成五趾样式的雏形，随后生出软骨，进而长成骨头。

知乎…… 人类的小脚趾在逐渐消失吗？与大猩猩相比，人类的小脚趾过去五百万年间一直在缩小，有时竟没了趾甲。其原因部分在于机械方面：人行走时先足跟着地，然后重心前移，再靠大脚趾发力抬脚。人类过于依赖大脚趾，对小脚趾却疏于使用，致其孱弱。我们似乎正在失去小脚趾，但这个过程需要多久就没人知道了。

最后来看看大拇指，它与其他四指如此不同，负责其发育的基因看似有更高的活跃度。远古时代，当动物离开水域开始陆地探险的时候，它们的鳍在某些基因的帮助下变成了爪子，我们拇指的独特性或许也是那些基因造成的。过去 200 万年的进化大大改变了拇指的面貌，它变成了“对生拇指”（opposable thumb）[①]，极大提高了人手的灵活性。人类不是唯一拥有对生拇指的灵长动物，但无疑是最得心应手的使用者。

① 指拇指与其他四指对合，方便拿握东西。

知乎…… 十进位制得自于十指，但有些文化使用二十进位当为手足并用的结果。更有囊括肘、鼻、颈，乃至肚脐眼者，其基数可达三十或更多！

指关节为何能“咔吧”作响?

诸位都见识过掰手指：十指交叉，掌心外翻，用力令手指外翘，待手指被绷紧时便会听到清脆的响声。这声音给许多人以疼痛的印象，但它并不意味着哪里受伤了，只是关节排气发出的动静而已。

“咔吧”声与指关节间的气泡有关。从 20 世纪 40 年代直到现在，多数求其真相的实验在设计上大同小异，改变的不过是影像记录设备。在大多实验中，志愿者的某个手指被包裹起来并系上绳子，拉动绳子可令手指受力。至于选取哪根手指向无定例，20 世纪 40 年代多用中指，如今则偏爱食指。实验时通过拉绳逐渐施力于手指，并拍摄手骨与指骨连接处关节的情况。

随着拉拽手指的力超过某临界值，关键点出现了，随后是一声突然的爆响。自 20 世纪 70 年代直到 2015 年，人们都认为响声缘于关节中气泡的破裂，给出的原因是：指骨与手骨的间距被拉大后，气泡得以膨胀并快速破裂。

但格雷格·考楚克（Greg Kawchuk）在阿尔伯塔大学（University of Alberta）实验室所做的实验显示，是气泡膨胀而发声，并非破裂。从考楚克记录的影像可看到，气泡瞬间生成，而其破裂的过程却颇为拖沓。影像记录了声响发生时刻的情况：手骨与指骨间的空隙猛然张大，直径 1—2 微米的气泡即刻出现。无疑，骨间的空隙激发了气泡。

手指未受拉拽时，指骨可来回活动，与手骨彼此接触，之间的缝隙都充满了滑液。而手指受拉拽后，间隙突然加大，液体不及填满空隙，于是气体（主要是水蒸气与二氧化碳）趁隙涌入，在中间迅即形成气泡，由于速度快力度大，便发出了“咔吧”之声。

试想，欲扯开两片黏在一起的湿玻璃，在其突然分离的瞬间亦会发出吮吸样的声音，其道理同关节发声一般无二。同样的实验也可空手尝试：双掌紧抵然后猛然分开，也会听到一声闷响。

最近的一项超声研究扫除了最后一丝疑问，在“咔吧”声起时，仪器捕捉到一缕烟火般的闪光。

知乎…… 指关节在 15 到 20 分钟内便可轻松复位，可以再度按压。

“咔吧”声听起来让人不舒服，自然引起损及手指的推测。长久以来，尤其当大家还以为声响来自于气泡破裂时，压指被认为伤害手指。它同损坏轮船螺旋桨的机理颇为近似，气泡缘桨叶端沿生成并破裂，产生冲击波，时间一久，造成金属疲劳。尽管还存在着多种解释，但对手伤害程度最大的例证，来自 20 世纪 90 年代对一组按压手指者的调查。调查显示他们都握力下降，有些人的手还出现肿胀症状。

知乎…… 唐纳德·昂格尔（Donald Unger）医生年少时，其母叮嘱其勿按压指节，以防关节炎症。医生欲证母言有谬，五年来每日按压左手各指两次，并与右手相对照。

实验后，医生发文于《关节炎与风湿病》（*Arthritis and Rheumatism*）期刊，称双手皆无炎症迹象，其母压指致病之论固不可信，其菠菜强身之说亦当存疑。后有论者质疑，孤证不立，岂可信？

所以，即使知道那“咔吧”声不过是关节间生出了一个“大”气泡，那声音也够叫人不舒服。

咔吧发生仪

历史迷雾

我们呼吸的空气真和恺撒时的一模一样吗？

“空气”一词易招惹混淆，因为它不是单一物质，而是几种气态的混合物。氮气与氧气占空气总量的99%，剩下的是二氧化碳、水蒸气、些许氩气及其他稀有气体。每当恺撒呼出一口气，气体分子飘散四方，随风而逝。不过，恺撒两千多年前呼出的一众原子，是否仍环绕周遭待你吸入？答案是肯定的。

为何呢？大气由氮、氧、二氧化碳等分子组成，而分子又由若干原子组成。时间一长，分子会受辐射及化学反应的作用分解成原子，而原子则相对稳定。氧分子由两个氧原子结合而成，一旦被分离，它俩或是结缘其他氧原子重组氧气，或是入伙碳原子形成二氧化碳，如此循环往复。所以，你与恺撒的呼吸很难同分子，却势必共原子。

知乎…… 恺撒于公元前 44 年 3 月 15 日[①]被刺杀，这天因此而恶名远播。恺撒吐出的最后一口气比他吸入该气时少了 4% 的氧、多了 4% 的二氧化碳。氧气被用作了身体的燃料，二氧化碳则是代谢后的废料。恺撒被布鲁图斯等十几个罗马议员捅了 23 刀，不过明显的致命伤只有一处。恺撒的最后一息恐怕算不上呼吸，更像是干捯气儿。

假设恺撒中等身材，单次呼出的气量约在半升到 1 升之间。通过公式我们能求得该体积空气在零摄氏度时所含的分子数量，考虑到罗马时代气温偏暖，阳春三月空气密度会进一步下降，综合出一靠谱的估计值，一呼而出的分子数为：1×10^{22} 个，即 100 万亿亿。

恺撒已死了 2000 多年，我们大可假定他呼出的空气分子已均匀散布到大气中。毫无疑问，地球大气的分子总量大到令人窒息：1.08×10^{44}。

那么，恺撒呼出了 1×10^{22} 个分子，可以设想他吸入的量也大体相同。诚然，要是巨深、巨深的深呼吸，吸入量可多一倍。可即便如此，对此等

① 3 月 15 日在罗马历又作 Ides of March（月中日），罗马人记录日期并非从每月 1 日累积，而是设置三个节点进行倒计时，分别为：Nones（第 5 日或第 7 日，根据月长变化）、Ides（第 13 日或 15 日）、Kalends（下月 1 日）。多数月中日为 13 日，只有 3 月、5 月、7 月、10 月为 15 日。按最早的罗马历，3 月 15 日为新年第一次出现满月的日子。

数量级而言这点变化都不算事儿。

一方面，恺撒呼出的分子被大气稀释；另一方面，想要与恺撒共呼吸，你至少要吸入那些分子中的 1 个。这简化成了除法问题：

$$1.08 \times 10^{44}（大气分子数）/1 \times 10^{22}（呼出分子数）=1 \times 10^{22}$$

巧了，每吸入 1×10^{22} 个空气分子就会有一个来自恺撒，数量竟然同我们的呼吸一样！所以，每吸一口气，吸入 1 个分子（至少 1 个原子）恺撒临终遗气的概率相当大。来，试一下，保持呼吸……又大……又深……吸、吸、吸……感觉到没？你同最伟大的罗马统帅是相当的通气儿。

知乎…… 常人一生时间里，大概会呼吸 5 到 7 亿次（每小时约 900 次）。比较一下，通常狗一生呼吸不到 2 亿次，它们呼吸的速率虽快过人类一倍，怎奈寿命过短。

第三章

动物

Animals

电鳗如何电晕猎物？

电鳗在许多方面都是种神奇的动物，基本来说是块活电池，用自带电力搜索、攻击、制服猎物，或抵御天敌。更为奇特的是：尽管电鳗是鱼类（或长达一米八），它却没有鳃，又要呼吸空气。所以，每隔十分钟电鳗就要游到水面来呼吸。

当然，带电才是最有趣的部分。绝大多数多细胞生物都带电，这一点常被人忽略。每次神经冲动都是一次微型电脉冲，在人体内每刻都发生数十亿次。电鳗也是利用了同样的生物特性，却将其发挥到了极致。

电鳗的身体可不像我们日常用的普通电池，它身体的 4/5 不可思议地填满了“发电”细胞，尽管每个细胞只能产电 1/10 伏，但由于数量过万，累积起的电压足以贯通全身。

与电池相似，电鳗的头部为正极，尾部为负极，要产生电流需将两极相连以形成闭合回路。通过水这一良导体，电鳗连通首尾产生电流，但它的放电突然而强劲，不像电池那般稳定、持久。

电鳗放出的虽是高压电，但电流较小、持续时间很短，所以威力有限。电人的话仅刺痛而已，无性命之虞。它更像是把泰瑟枪（Taser）[①]，泰瑟枪每秒能发射19次高压脉冲，而电鳗更厉害，每秒可发射400次。无论攻击的对象是人是鱼，效力都类似：电流引起肌肉阵阵抽搐，造成身体暂时瘫痪。泰瑟枪的劲头更猛，它发射两枚牵引细铜导线的金属飞镖，刺入目标皮肤，用以传输电脉冲。而电鳗却面临两个不利因素：一是以水传导电流所遇阻抗较大；二是电流入水后四散，远不及泰瑟枪那般能量集中。

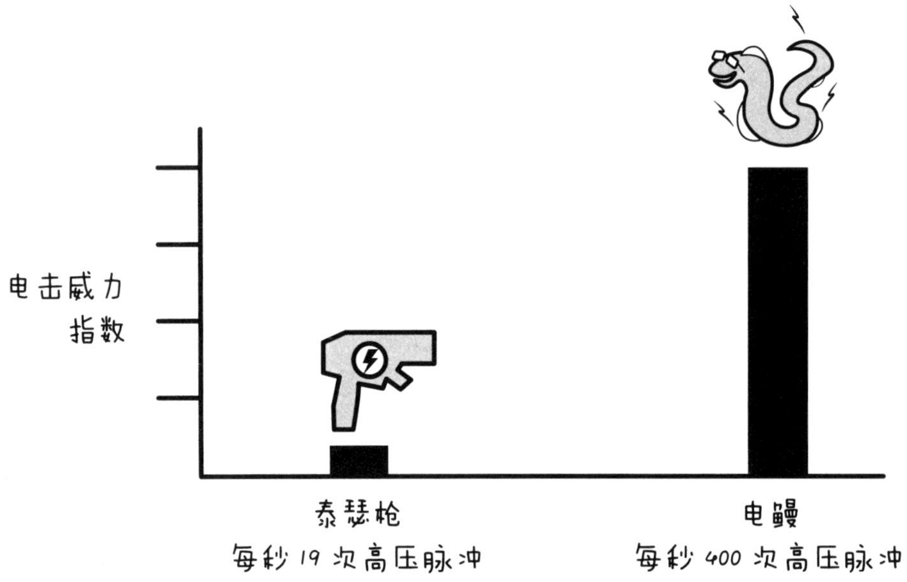

故事还没完。范德堡大学（Vanderbilt University）的肯·卡塔尼亚（Ken Catania）发现，电鳗不是单纯利用电力，而是将电力操控到了出神入化的境地，可根据自己的需要收放自如。

首先，它利用低能脉冲锁定猎物。当电鳗发出低能电流时，即使是躲在暗处的鱼，其肌肉也会不自觉地抽动，引起水的波动。而电鳗对水流的扰动极端敏锐，因而可以察觉鱼的存在。

① 泰瑟枪最早出现在科幻小说中，又名“电休克枪”，没有子弹，靠发射带电“飞镖”制服目标。

一旦电鳗确定了鱼的方位，便凑上前，加大电量使鱼瘫痪，一举将其抓获。电鳗的此种捕猎方式实在够酷，也无比高效：电击生效仅需 3 毫秒。

如果这还不够，电鳗还有大招。它蜷起身子呈 C 形，围拢猎物、加大电量以降伏顽敌。猎物陷于电鳗身体形成的正极（头）、负极（尾）之间，电流直接在二者身体中畅流。在这双倍效力的重击下（效果已超普通电源插座的输出），任谁也难扛得住。

知乎…… 1800 年，大科学家及探险家亚历山大·冯·洪堡[①]前往亚马孙热带雨林研究电鳗。由于人们当时对电的了解有限，他很好奇电鳗是如何捕食的。接待他的当地渔民使用马匹来捕捉电鳗。

据洪堡记述，渔民将马驱赶进电鳗出没的浅水池，电鳗的反应很奇特，它们没逃逸，而是试图电击马。电鳗攻击的方式与电击鱼时不同，它们直立起来，贴紧马，发出看似特别强的电击，致使有些马被击倒、溺水。可稍后，待电能耗尽，电鳗尽成渔夫网中之物。

一日，卡塔尼亚戴着橡胶绝缘手套用金属网搅动实验室的电鳗。其间他惊奇地看到，电鳗不时跃出水面，撞击金属网，并发射系列超高压脉冲。它们也许担心金属网是天敌，这再次表明：电鳗不仅利用电击捕猎，也用来防御。它们似乎根据未知动物的导电性来决定是进攻还是防御：小导体是猎物，大导体是天敌。

电鳗看到疑似的天敌时（比如一个大金属网），它可以采取常规操作，利用水传导电流，但产生的电流也许不足以抵御攻击。如果像泰瑟枪那般进行身体接触，电鳗发出的电流就会避开水而直接进入天敌的体内，电击的威力将大大增强。看来，把身体扬得越高，越有利于电鳗传递更多电量。所以在卡塔尼亚的实验室与洪堡叙述的池塘中，都能见到电鳗跃出水面。在干燥季节，当溪流较浅，猎物（或天敌）不能完全

① 亚历山大·冯·洪堡（1769—1859），德国科学家，近代地理学的主要创建人。

没于水中时，这招兴许挺管用。

所有的迹象都表明，电鳗不仅仅是台“发电机”，更是架高精“探测仪”，还是部“大杀器”。然而有一件事尚不清楚，为何电鳗自己不被电击？就目前掌握的情况看，或许因为它们接地气。

獴为何不怕被眼镜蛇咬?

在吉卜林（Rudyard Kipling）[①] 的《丛林之书》（*Jungle Book*）中，一只名为“哩叽–啼叽–嗒喂”的獴意识到，“要是我第一扑没有咬断它（眼镜蛇）的背，它就还能还手。”它注视着蛇兜帽下面肥厚的脖颈，但那地方是它咬不透的；而如果咬在蛇尾附近，只能使蛇发狂。“必须咬蛇头，兜帽上面的蛇头。咬住以后，就不能松口。”

哩叽计划了出其不意的一攻，但那仍有很大风险。眼镜王蛇的毒液可在半小时内致人死命，事实上，眼镜蛇一次攻击能释放 12 毫升毒液，为毒蛇之冠，足以杀死 20 人。所幸，它们不愿与人接触，受害者多数是耍蛇人。

尽管獴是出了名的“硬汉”，体格强健，身形贴地，格斗凶猛，但哩叽的信心却另有来源：在生物化学方面，它占尽优势。

① 吉卜林（1865—1936），印度出生的英国作家，1907 年诺贝尔文学奖获得者。

秘密就藏在蛇毒及其作用方式中。眼镜王蛇的毒液如同出自调毒师之手。他挑剔又恶毒，将不同种毒液调配在一起而成为多合一“毒囊”，可方便攻击不同的器官。其中的一种毒素常见于各类毒蛇——α 神经毒素，它对神经与肌肉连接处施加致命影响，其反应是分子水平的，阻碍两个分子的接触。

神经传递信息令肌肉收缩。二者间有一细微缝隙，当一个神经脉冲掠过神经，达到神经末端，神经细胞便释放数百万“神经递质”（neurotransmitter）分子。它们穿过缝隙（仅几十纳米宽），插入位于肌肉细胞表面的特殊受体，令肌肉收缩。

肌肉收缩后，递质分子必须被及时清理，以便上述过程能够重复进行。此时便需要另外一种分子来完成清理工作。

神经冲动、释放递质、肌肉收缩、移除递质，一旦此程序不能在体内循环往复，人便难以呼吸、动弹不得。

这套运作自如的系统恰是 α 神经毒素攻击的目标。它的形状与神经递质相似，可插入肌肉细胞的受体；但与神经递质不同，它不能被清除，因而肌肉细胞不得再次收缩。当毒素在体内扩散，会有越来越多的神经－肌肉结合位被阻断，于是，哪怕是大象都能被眼镜王蛇的一剂毒素干掉。

那么哩叽獴靠啥妙招呢？答曰：进化。经过漫长的时间，在无数獴付出生命代价后，獴的肌肉受体分子发生了改变，能够抵御蛇毒。蛇毒分子制服其他动物的“吸附大法”失灵了，獴的神经递质仍能运转如初。另外，獴迅疾的躲闪、厚实的皮毛同样起到了保护作用，一旦被咬，它还另有强大的自卫机制。相似的免疫进化的例子我们也不难找到，俗话说“蜜獾不尿你”，蜜獾[①]有如此底气自有其原因。它也改进了肌肉受体，由蛇的猎物一变而成捕蛇者。

知乎…… 眼镜王蛇也可以抵御蛇毒，原因何在？因为它的主要猎物就是其他蛇，必须要免受毒害。造物主真会开玩笑。

在这场针对蛇毒的分子对抗中，终极武器是抗蛇毒素（antivenom）。为了制备抗蛇毒素，需要给马或羊一类的家畜注射少量蛇毒，令它们的免疫系统产生抗体。随后从血液中收集并浓缩这些抗体，毒蛇受害者一旦注射了蛇毒抗体，它们在血流中与蛇毒分子狭路相逢，便会扑上去给其致命一击。蛇毒挣脱不掉抗体，再也无法纠缠肌肉受体了，于是受害者的生命得以延续。

獴的故事是进化中制衡与反制衡的经典案例，在这场进化大战中，獴目前占到了先机，但眼镜王蛇的毒物库贮藏丰富，众多的不同毒物分子微观结构迥异，为变异出更加致命的分子形式留有余地。一旦发生变异，风水就该轮转了。

① 蜜獾为鼬科动物，雄性平均体长98厘米，通常出现在非洲和亚洲的南部和西部，吉尼斯世界纪录把它命名为“最大胆的动物”。

猫跌落与面包片跌落有什么区别？

日常经验告诉我们：单面抹黄油的面包片落地时总是黄油那面着地，坠落的猫全是脚先着地。这现象看似简单，背后的科学道理却有点儿复杂。

我们先谈面包片。有充分的证据表明，抹了黄油的面包片如果从桌上滑落，几乎总是抹黄油那面先着地。这里，“滑落”一词很关键，即面包片在下落前待在桌子上，不是胳膊狂挥面包片横飞那种。不妨脑子里过遍慢镜头：面包片慢慢滑出桌沿，开始时它还受到桌子的支撑，但随着重心探出桌沿儿，面包片的大部分没了支撑，即将翻倒，只是靠着黏性才在桌面上片刻停留。终于，重力使得面包片倾斜、翻转，栽向地板。

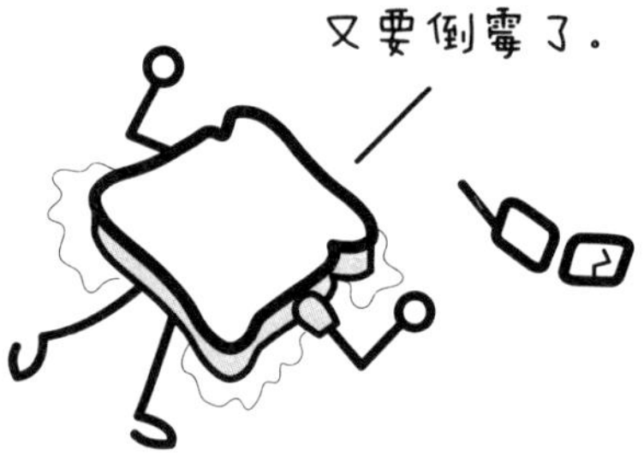

着地时要想黄油面朝上，面包片在空中的翻转要么小于 90 度，要么大于 270 度。只要不考虑极端情况，比如面包片竖着落地并直立不倒，任何在 90 度与 270 中间的情况，都确保黄油面啃地。

在这个公式中，黄油本身无关紧要，它那点儿重量相对整体微不足道。诚然，融化的黄油会令面包表面稍显光滑，多少减少些风阻，但变化微乎其微，无甚作用。

那么，什么因素来决定下落途中面包片翻转多少度呢？桌子的高度！多数桌子高约 75 厘米，大体契合常人的坐姿。面包片由此高度下坠，极有可能翻转 180 度（至少在 90 与 270 度之间），结果便是黄油脸贴地。

有两个实验专门研究面包片翻转问题，其中的一个竟然动用了 21000 片面包；另一个黄油面着地的概率在 62% 与 81% 之间，数据颇为可观。

试试看！ 想加大黄油面朝上的概率，你有两个选择。其一，改变桌子的高度：或者搞一张高桌，最好弄它 3 米高；或者摆张日本式的地桌，干脆席地而坐。其二，改食超小面包片。从物理学上讲，小于 3 厘米见方的面包片，跌落后黄油面朝上的概率大增。

那猫又是怎么回事呢？出生才几周的猫下跌时就能四脚着地，即使将它们仰面从哪怕 30 厘米高处扔下（请千万别尝试），也鲜有肚皮朝天落地的。不过，面包下落在物理上很好解释，猫的情况便要复杂许多了。

脸朝天下坠的猫面临的困难其实与体操或跳水运动员一样，当置身空中、无抓无挠无所借力时，转体在物理上受到了限制。空中转体当然并非做不到：我们都见过花样滑冰选手，他们空中快速旋转时会将手臂尽量靠近身体。但物理定律毕竟无法打破，下坠的猫注定要受其限制，只能在规定的范围内腾挪。

知乎…… 猫判断空中方位时视觉与内耳感官并用。失明的猫仍可以四脚着地，少了内耳平衡器官的猫也没问题。一旦二者尽失，猫便无能为力了。

与人相比，猫占有一些优势：其脊椎中椎骨数量更多（30 对 24），又没有锁骨。二者都增强了其转体能力，而此能力乃关键所在。

下落中的猫首先要弓背，这样做使它的身体在物理意义上实际分成了前、后半身。随后，它转动前半身并缩紧前腿（就像花滑选手那样为了更好地转体），与此同时，它的后半身向相反方向拧，并伸直后腿，这招很关键，可以防止后半身转向过大。

如此一番操作，猫的前半身已正了过来。它马上逆向操作，前腿蹬直，上身反转；后腿缩拢，下身正转。瞬间之际，猫全身便正了过来。

科学八卦！ 猫脚着地时无须尾巴帮助，即使天生无尾的马恩岛猫（Manx），也照行不误。

但还没完呢。有一项物理规则——空气阻力，对猫似乎不适用。霍尔丹（J. B. S. Haldane）[①] 曾就空气阻力规律谈论各种动物的区别：“你可以将老鼠扔下千米深的矿井，只要井底灰多地软，它便只是摔得有点儿蒙，随后就溜了。这样说吧，要是老鼠被摔死，人就会摔碎，而马则摔烂了。”

那么猫怎样呢？ 1987 年，纽约的兽医们做了一项研究，结果表明：猫从极高处坠落，存活率高得惊人，大大超出预计。

部分原因可能是猫落地时速率大概只及人的一半，但也一定同猫在下落时的转体有关。猫一旦在半空中摆正了姿态，它便四腿外伸、最大化空气阻力，像飞鼠（flying squirrel）那般滑向地面。

① 霍尔丹（1892—1964），英国科学家，在基因学研究方面贡献卓著。

作为常年的冤家对头，猫在此处要胜狗一筹。狗在空中可没有灵敏的身段，这从进化角度也好理解：狗是陆居动物的后代，而猫直到今天还是个爬树能手。当然，面包片要想习得猫般身手，真不知要花几亿年。

章鱼如何伪装自己？

一提到伪装，你会想到变色龙，而我马上要聊的是章鱼、鱿鱼和墨鱼，三者统称为头足动物（cephalopod），都擅长易容遁形之术。

想象一下会有多难：与猛兽狭路相逢，你逃无可逃，唯有将自己与环境混淆，期望骗过对手的眼睛。我得承认，如今的猎人和战士有许多先进的迷彩服，但穿上它们，你最好指望能恰巧站在迷彩壁纸前，好达到最佳效果。可头足动物出没在不同场景中，天敌随时可自八方而来，它们要么迅即同周遭环境形色相谐，要么葬身鱼腹。

知乎…… 头足动物本为色盲，眼睛只能识别波长范围极窄的光，仅为光谱的蓝绿部分。

那么，它们何以能逃过搜捕呢？那是因为头足动物装备了卓越的生物防护具——由三层特异细胞合成的皮肤。该皮肤密布“高解析度彩色像素”，第一层为色素细胞，直接由大脑控制。在色素细胞被肌肉拉抻后，表面积瞬间可增大500倍，急剧增加皮肤的颜色。要知道这样的色素细胞在头足动物的皮肤上有数以百万计（墨鱼至少有1000万个），其威力可想而知。

色素细胞之下是两层反光细胞，它们本身都没有颜色。上面一层反光的方式与肥皂泡相似。你或许留意过空中漂浮的肥皂泡，它不断变换着色彩，从红色到橙色再到蓝色，在最终破裂前又变成黑色，有此变化是因为：随着肥皂泡壁越来越薄，所反射光的波长也在变化。头足动物皮肤上的反光细胞，内中带有若干重叠的片状结构，片状物自身的厚度以及彼此之间的间隙，可以模拟出肥皂泡般的光波干涉效果，产生一系列颜色。反光细胞的第二层是亮闪闪的反光球，如同一颗颗微型迪斯科球，全方位地反射所有波长的光。

通过调节色素细胞的大小，头足动物的皮肤可呈三种式样：均一型、斑点型、迷彩型。均一型为超细纹理，其状貌似细沙，源于色素细胞的收缩，多半是用于沙地间的伪装。斑点型较粗糙，状似碎石斑驳的海床。迷彩型为五彩斑斓的大色块，好比点缀在海床上的珊瑚与礁石。

那么这三种形态该如何选择使用呢？通过对墨鱼的实验，发现他们有时会去匹配所栖身的背景；还有些情况下会去冒充石块或附近其他的景物。

有时为了效果逼真，墨鱼似乎还能改变其轮廓，看起来全不像条墨鱼。对于任何靠伪装自存的动物，揣摩其主要天敌的观察视角甚是关键，因为猎手与猎物所看到的景象并不相同。比如，章鱼在上要防鱼类的攻击，在下要备海鳝的突袭，它在伪装时必须使用多方视觉信息以求兼顾。

鱿鱼和墨鱼要随意漂游，这带来了另一种复杂局面。如果天敌从下方迫近，阳光就会从背后将头足动物照亮，虽说它们的身体比较透明，但内脏还是会显形。这时，反光细胞登场了，它们将光导入体内，令内部更为明亮难于辨别。

科学揭秘！ 所有头足动物都具智能，其中章鱼似乎最为聪明。

色盲又怎么解决呢？头足动物的色素细胞主要产生三种颜色：黄色、橘色、深棕色（以及这几种颜色的混合色）。这些颜色与它们生存的环境颇为一致，所以无须担心颜色的匹配，只需要根据光的明暗，调节色素细胞适配周遭颜色的基调。

另有证据表明，皮肤的质地（细致或粗糙）比颜色更能提供保护。一些墨鱼在近于黑暗中可以上演迷彩魔法。

头足动物的伪装术还是一种通信手段。将闪烁的色彩加以组合岂非最有效的联络工具？况且，反光细胞还能令光发生偏振，多数的鱼（包括它们的天敌）根本感受不到这些偏振光。另外，除了这种可见的联络方式，它们还有更为隐秘的手段。

知乎…… 墨鱼通过精细的调控，可以同时集点状鱼身、条状鱼鳍、黑色触须于一身。

可想而知，头足动物的伪装机理定会令军事界大感兴趣，希望将来也能给士兵提供这样的装备。另外谁又敢说，随着对它们改颜换装术的深入理解，不会引发化妆术与化妆品的新浪潮？

大象能跳跃吗？

有传说讲大象有四个膝盖。果真如此，大象一定都是跳跃高手。可它们并没有四个膝盖：拿它们的前腿骨与人的臂骨相比较，二者类型一致。看来，大象能不能跳跃同膝盖的数量无关，而是一个动力与压力的问题。

如大象、河马、犀牛般的巨型动物，个个都腿粗如柱，其体重与腿粗的比例非猫等小动物可及。动物体型越大，上述的比例的变化也就越为显著。举例来说，大象只比猫高 13 倍，重量却是其 800 倍。设使猫按照自己的体型体重比例，放大成大象那般体重，四条纤纤细腿瞬间要被压断。

所以，大象巨大的体重全赖更粗的腿来支撑。猫的股骨直径约 1 厘米，大象的为 10.2 厘米。直径大则表面积相应也大，大象腿骨的承重面积为猫的 25 倍，这保证了大象的腿不会被压断，但如此重量毕竟对骨骼施压极大，这令大象比猫更易骨折。因而即使大象一路狂奔，也不会四蹄腾空，它的骨骼恐怕承受不了从半空落地时的冲击。

不过，象腿的某些特性似又不能排除其跳跃的可能性。例如，多数四足动物在需要加速时都会变换步态，它通常先是起步，然后加快成小跑，持续提速开启飞奔模式。到了开始飞奔时，多数动物有明显的四足滞空时间。

知乎…… 100米运动员在跑道上飞奔时，大部分时间都双脚离地腾在空中。

大象似乎并不如此“换挡”，它慢走、疾走、暴走，时速最快可达25公里，可始终至少会有一只脚沾地。全速时，大象的前腿仍是走的姿态，状似撑竿跳模式：以腿为支点，撑起整个身子一跃而过。而它的后腿还是颇能蹦跳，其弹跳力就体型而言令人有些意外。其他大型动物，犀牛河马之流，都是常规跑法，但犀牛比之大象还是小了很多，所以大象恐怕是大到跑不动了。

大象的前肢与后肢亦和其他动物不同。典型的四足动物为后腿驱动、前腿制动，但英国皇家兽医学院（Royal Veterinary College）的约翰·哈钦森（John Hutchinson）博士研究大象移行几十年，他认为大象的任何一条腿都动静两便，活脱一天然四驱SUV。

影响大象跳跃的不仅是骨头的承重，腿部的结构也很关键。跳跃高手要具备灵活的踝关节、强壮的腿肚子、结实的跟腱，这些跳跃者素质大象都毫不沾边儿。多数动物要靠跳跃来躲避天敌，而大象却全无敌手。肌肉系统的进化使大象易于向前，而难于向上。但即使大象生就不善跳跃，如果情势相逼是否也能纵身一跃?

没人见过大象跳跃，也许它们小腿肌肉的力量也不足以助其腾空。假使它们真能腾跳而起，起跳与落地的冲力也势必巨大，这一切都不由得让人怀疑：大象是否能跳，或者是否愿意跳?

蠕虫会消化彼此的记忆吗？

信不信由你，这可是个严肃的、充满争议的科学问题。故事起源于20世纪60年代，当时人们用真涡虫（Planarian）做了一些实验。真涡虫是一种扁虫（flatworm），结构极简单，约1.5厘米长，形状扁平，一枚微型大脑竟然具有学习能力。作为一种实验用动物，扁虫所经历的奇特历史使它们显得格外特别。

如果将真涡虫截为两段，每段都能重构成新的个体。以此为基础，有个略显古怪的科学家詹姆斯·麦康奈尔（James V. McConnell）[①]宣称，如果先训练真涡虫学会避开光线，然后再将它割成两段，那么首尾两段在复原成两条新虫后，都会记得受过的训练。头段还

① 詹姆斯·麦康奈尔（1925—1990），美国生物学家和动物心理学家，因其对蠕虫类动物的研究，特别是学习理论和记忆传递而知名。

勉强能理解，毕竟有脑子在里面，可尾段呢？着实难以置信，碾压了现存所有关于记忆的理论。

知乎…… 将一些截断的真涡虫送入太空国际空间站，待它们重回地面，人们发现其中竟有一只双头虫，于身体两端各生一头。继而将双头皆复割下，虫身竟再生两头。此现象从未见于地面，令人匪夷所思。

麦康奈尔的说法令科学家困扰。通常认为，记忆是保存在脑细胞中的特殊电路，在有可关注事情发生时，大脑便产生电脉冲，假使事情足够重要，某组神经元就会重新排列，维持该脉冲的活跃，用以保持记忆。如果照麦康奈尔所言，记忆应是某种遍布全身的物质或分子，听起来何其荒诞。

没辙，麦康奈尔就是与多数科学家不同。他不仅将实验结果发表在自制卡通杂志《蠕虫竞跑者文摘》（*Worm Runners Digest*）上，还宣称已更上一层楼，能够在真涡虫间实现记忆转输，具体做法是：怂恿未受过避光训练的蠕虫蚕食那些受训蠕虫的残肢。没错，就是寓学于同类相食！

到了 20 世纪 60 年代中期，麦康奈尔的研究走到了尽头，半是由于他的同事无力找到支持其主张的证据，半是由于对他离经叛道的想法普遍难以容忍。麦康奈尔的实验就此销声匿迹，他本人也在 1990 年去世。

不过就在几年前，塔夫茨大学（Tufts University）的科学家报告了一项惊人的扁虫实验，戏剧般地令麦康奈尔的观点焕发了新生。米歇尔·莱文（Michael Levin）与泰尔·索姆拉特（Tal Shomrat）训练真涡虫熟悉周围环境（特意让它们熟悉进食区域表面的特殊质地），之后将它们的头割除，待它们重新复原后再次置放回喂食区域。尽管已经换了新头，但那些受过训练的扁虫依然识得进食区表面特殊的质地，比没受过训练的扁虫更快吃到食物。

虽说受训扁虫可以更快找到食物，但仍需要短暂地重识环境，方能发挥受过训练

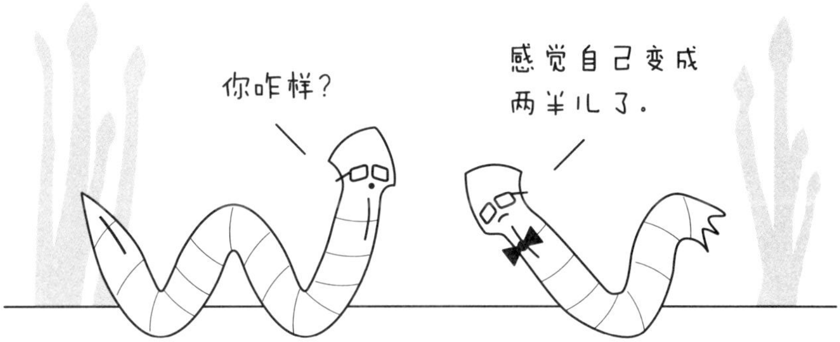

的优势。尚不清楚为何要有此认识过程，但据莱文等讲，扁虫的记忆（或者至少是某种分子映像）不存于大脑，而是在神经组织中（以真涡虫为例，其神经系统从脑部一直延伸至尾部），甚至不排除记忆存储于其他组织中。所以，在长出新头时，记忆要与新的大脑重新结合，或者说要被重新写入。

记忆恢复的过程可能是后成的，或许是通过蛋白质对基因进行操控来实现。果真如此，莱文等不禁设想能否将此发现应用于人，通过含有个人记忆的干细胞修复记忆。这很鼓舞人心，但我们其实离真正了解记忆的本质都还差得远呢。

我不认为单凭这些实验便能在一夜间改变科学家对于记忆本质的看法。但对于这样的观点——某些动物的记忆可能存贮在大脑以外的其他部位，是很难无视的。

出售虫啤
还记得上世纪你曾曾曾蠕虫爷爷乱挖洞吗？
当然了。

人类可能冬眠吗？

提到冬眠，便会想到膘肥体胖的熊整个冬天都在巢穴里大睡的样子。不过冬眠的方式还有很多种，而且有时人类似乎颇有应该冬眠的理由。最明显的实例莫过于病人，冬眠可以降低其代谢状态，为内脏移植，漫长的手术及术后恢复，甚或为空间转运赢得条件。

熊通常会冬眠 5 到 7 个月，在此期间，它的核心体温降至 5 摄氏度并能维持数周之久。熊还会停止 2/3 的正常生理活动，心跳从每分钟 40 次减慢到 10 到 15 次。即便如此，冬眠的熊每天仍要消耗几千卡路里。

熊在冬眠中会减少 1/4 的体重，所减轻的几乎全是脂肪，而不会损失骨骼或肌肉（这同卧床的病人大不相同）。冬眠时熊不拉不撒，它们肾的功能几近停止，但也不会衰竭，体内的代谢物不会累积到致命的浓度。

知乎…… 到了春天，熊从冬眠中苏醒。尽管已经饿了好几个月，但最初的十几周里它们吃、喝得很少。随后进食逐渐加快，到了仲夏，一头大号的熊每日补充 5000 到 8000 卡路里的食物，待临近冬眠时，棕熊每天有 20 个小时在进食，每小时摄入 1000 卡路里。

熊最受瞩目，可单论冬眠，它们同一些小动物比还真不算什么。阿拉斯加的北极地松鼠（arctic ground squirrel）冬眠的时间长达 8 到 10 个月，冬眠时它们身体某些部位的体温降至零下一二度。还有些动物更夸张，居然能将自己冷冻保“命”，如果冬季挖到木蛙（wood frog），它像极了一块冰，要是不小心掉到了地上，你会把它摔碎。地松鼠倒是没被冻成冰块，它们处于过冷态：体内的水虽低于冰点却未冻结，依旧是液态。此状态极不稳定，愿意的话可以自己试一下：冰箱冷冻室里放一瓶水，过后取出水依然保持液态，但只要稍微晃动便瞬间冻结。大鼠及仓鼠也可以短暂忍受过冷态，但只要时间超过 1 个小时，它们体内的水就会结冰，结晶的过程会要了它们的命。那么，地松鼠何能多日安处危局？原因尚不清楚，或许它们能清除体内可形成结晶核的物质？没人能确定。

这些松鼠的冬眠另有异于熊之处在于，它们每隔几周便会苏醒一次，升高体温，稍作运动，排泄粪便，然后再行冬眠。由于如此折腾一番要消耗不少能量，因而这一短暂的苏醒一定是性命攸关的，也许是体内低温触及了极限，逼得它们必须苏醒。

看了熊与松鼠的例子，你或许以为动物冬眠全为了躲避严寒，其实并不尽然。肥尾狐猴（fat-tailed lemur）生活在马达加斯加，亲缘上也比熊或松鼠更靠近人类，它们一年要冬眠 7 个月，期间树穴里的温度在 10 到 30 摄氏度之间。狐猴“宅穴”的 7 个月

为当地最干旱的月份，食物短缺，显然不值当巡游林间觅食。于是，狐猴在食物丰富的季节几乎将体重翻倍，为接下来的冬眠做准备。

动物的身体在经历冬眠的巨变后仍能保持健康确实足够神奇，但谈到人是否能够冬眠，便尤其要关注大脑的情况。人的大脑是最渴求能量的器官，而冬眠动物的第一要务便是减少能量消耗。

科学八卦！ 冬眠不是睡眠，相反，冬眠或许恰恰剥夺了动物们最为需要的某种睡眠。在北极地松鼠每隔几周暂时摆脱冬眠时，它们却将大把的非冬眠时间用来睡觉。睡眠由于过于耗能，似乎成了冬眠中不可承受之重。

减缓新陈代谢对脑细胞有严重影响。冬眠的动物机体运转缓慢，使得脑细胞中负责对外联络的分支萎缩，附属的起支撑作用的肌肉系统也开始瓦解。其实，类似的脑部损毁情况在阿尔茨海默症患者身上也能看到。但当动物苏醒后，它们的大脑开启一波活跃流，一举重建了脑细胞的连接并恢复了相关肌肉系统。尚不十分清楚的是，经过一番变化，动物的记忆是否受到影响。

知乎……　日本一远足者打越三敬（Mitsutaka Uchikoshi）在山中跌断了骨盆。他水米未进昏迷了 24 天，被找到时体温只有 22 摄氏度。他本该性命不保，最终却几乎安然无恙。尽管与熊或北极地松鼠的性质不同，但医生们马上认为他之所以幸存，得益于类似冬眠的某种机制起了作用。

人类没进化出冬眠的本领，所以不具备许多冬眠动物的专长。比如，人类的体温一旦低于 20 摄氏度心脏便会停跳，而冬眠动物即使体温降到 1 摄氏度时还能保持心跳。假使人类冬眠，必须处于合适的气温条件下，而且还要设法确保每隔几周能从冬眠中苏醒，像北极地松鼠那般，得以进食、饮水、排泄，或许还能缓解睡眠剥夺问题。如果我们的脑细胞开始失去连接肌肉系统逐渐散架，就要绝对有把握在醒后令一切复原。

虽说条件苛刻，但人类冬眠并非绝无可能。没准儿能抄条近道，一下节省百万年的进化时间，找到人类专属的冬眠模式。不过由于该机制过于精细且复杂，我们距实现它还有十万八千里呢。

历史迷雾

亚特兰蒂斯确有其城吗?

提到亚特兰蒂斯，人们脑际浮现的是一幅幅绝美的图画：金殿银屋、水下仙境…… 然而，果有其地吗？若有，所在何处？

我们不妨换个问法:“是否有过一个富甲天下的岛屿，被天灾扫落海底从此消匿无踪?”答案是:“没有可能。”若再换个问法:“亚特兰蒂斯传说所提及的是否为一场真实的灭国之灾?”那么答案很可能是:“没错!”

有上百作家写过亚特兰蒂斯，但故事的来源都出于一人：古希腊哲学家柏拉图。柏拉图是西方哲学的奠基者之一，生活在历史上最为辉煌的时期，毕达哥拉斯、苏格拉底都是他的老师，亚里士多德是他的学生。如果有“哲学 / 科学名人堂”的话，这几位大思想家都会毫无悬念地入驻。

大约公元前 360 年，柏拉图写过两篇对话录，一篇名为《克里提亚斯》(*Critias*)，谈话者为古希腊政治家克里提亚斯，文中详细描绘了亚特兰蒂斯。克里提亚斯讲到，他听许多人提起亚特兰蒂斯，该岛的辉煌一定令他们记忆犹新。据说该岛位于地中海与大西洋的交汇处，刚过了海格力斯之柱(Pillars of Hercules)[1]。海格力斯之柱由南北两根组成，北边的柱子据信是直布罗陀巨岩(Rock of Gibraltar)，南边的柱子是哪根尚有争议，或应

---

(1) 海格力斯之柱，指直布罗陀海峡两岸边耸立的海岬，北面一柱是位于英属直布罗陀境内的直布罗陀巨岩，而南面一柱则在北非，但确切是哪座山峰一直没有一致说法。西班牙国徽上绘有海格力斯之柱。

是北非的某座山峰。不过也有记述认为所指的柱子实际是星星，如果此说不虚，寻找亚特兰蒂斯真成了大海捞针了。

亚特兰蒂斯应早于柏拉图9000年，据柏拉图的描绘：其城甚巨，一运河绵延10公里乃引船只直抵内港。城内呈同心环状布局，诸环间以运河相通，并上架桥梁下辟通道。另有一宫殿象牙为顶、白银涂墙、金像罗列。更有竞技馆、赛马场、船厂等诸般设施。该岛植被茂密，清泉幽幽，所出矿产价值胜过黄金。柏拉图的描绘极尽夸张，难以置信。

无论真假，王国都没能延续。据柏拉图所云，“山摇地动，洪水滔天，一昼夜间，亚特兰蒂斯岛尽为海水吞没、销匿无踪”。

似乎也在情理之中，这段关于亚特兰蒂斯的古老描述，撩惹出历2000年不息的痴迷：找寻这个沉没岛屿的所在之处。它位于地中海海口吗？那里却毫无踪迹可寻。要么它在别处？在加那利群岛（Canary Islands）①？在撒哈拉沙漠？在北海（North Sea）？在比密尼岛（Bimini）②？在南极？人们提出各种可能的地点，但任哪里都难觅岛屿及古城的踪影。而且，早柏拉图9000年，世上何来如此恢宏的城市？杰里科（Jericho）③的土坯房怕是当时最好的建筑了。

不过，假使柏拉图所指的是一场毁灭某个文明的真实灾难，或可找到某些证据。大约公元前1650年，即柏拉图之前1300年，东地中海有一次剧烈的火山爆发，夷平了锡拉岛（Thera）。爆炸极为猛烈，半个锡拉岛崩塌入海，仅余下一些不规则的小型岛链。岩浆混合气浪直击海水，时速高达数百公里，所掀起的海啸浪高10到15米，柱状升腾的火山灰在整个地

---

① 加那利群岛，在非洲摩洛哥以西海域，属西班牙。

② 比密尼岛，位于加勒比海的巴哈马群岛，其附近海域水下发现一巨大石墙，长约1600米，被怀疑为亚特兰蒂斯遗址。

③ 杰里科，位于约旦河西7公里处的约旦河谷，现属巴勒斯坦。考古学家认为，杰里科是世界上最古老的、一直有人居住的地方。9800年前，杰里科大约有3000人居住。

中海弥漫，数百公里外的内陆都沉降了几厘米厚的灰尘。周围海域漂满了大块浮岩（pumice）。

这次的火山喷发，惊悚程度不亚于亚特兰蒂斯中的记述，更由于我们知其确曾发生，其震撼似尤胜几筹。然而，即便岛上的阿克罗蒂里（Akrotiri）① 彻底葬身火山灰下，却没发掘出任何尸体，可见当地居民早有警备提前出逃了。况且，传说中亚特兰蒂斯的恢宏气象，阿克罗蒂里是一点儿也没有。

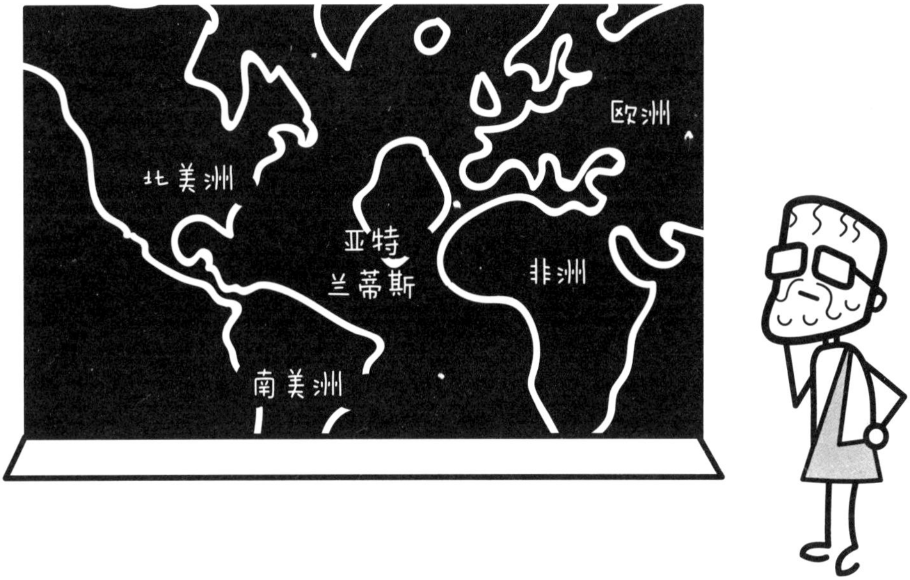

如果不是锡拉岛，会是克里特岛（Crete）吗？它在锡拉岛西南方一百公里外，火山爆发时，那里是米诺斯文明（Minoan）② 的家园，流传至今的弥诺陶洛斯（Minotaur）神话与迷宫（labyrinth）就出自米诺斯文明。火山爆

① 阿克罗蒂里，锡拉岛上的聚居地，从青铜器时代便有人定居，为公元前16世纪的火山爆发所摧毁。现为著名的史前文明遗址。

② 米诺斯文明（前2850—前1430）是欧洲最早的文明，也是希腊古典文明的前驱。

发后，米诺斯文明随即崩溃。许多考古学家认为，柏拉图写作亚特兰蒂斯时，参照了灭亡的米诺斯文明。然而，火山喷发是否灭绝了米诺斯人尚存重大疑问，因为火山灰似乎只落到了岛的东端，况且量也不是很大。

那么海啸呢？它是否猛烈冲击了克里特岛海岸？一些证据——比如同一罐子的碎片出现在倒塌住宅的不同房间里——表明海啸来势凶猛，局面混乱不堪。但最近的研究又显示，暴露在海啸中的沿岸地区受到的影响却极为有限。另外，由于米诺斯文明的衰败历时数百年之久，因而其败落的原因及所受的影响并不能一目了然。我的猜测是：米诺斯人的生活被双重打击严重影响——海啸摧垮了航运业，沉降的火山灰毁坏了农业，这些因素缓慢地窒息了米诺斯文明。不过，与柏拉图的描绘相比，米诺斯的故事在各方面都缩水不少，难以同那个奢华王国对应。

柏拉图到底想写什么呢？如果不是大西洋里失踪的王国，难道是东地中海靠近他家乡的一次火山爆发？亚特兰蒂斯的原型是锡拉岛上那个被埋葬的无名小镇阿克罗蒂里吗？如果真是它，那么亚特兰蒂斯的繁华便是柏拉图凭空想象的产物。

第四章

奇奇怪怪的科学与机器

Weird Science & Machines

打水漂时石头为何能在水面跳跃？

提到打水漂，人们一般抱三种态度：有的人挺喜欢，当成乡间游戏来玩；有的人特认真，一心要破世界纪录；还有人极较真，要搞清其间的物理学道理。你可能猜不到，由于人们对打水漂的热情经久不衰，许多物理学家都关注这个问题。

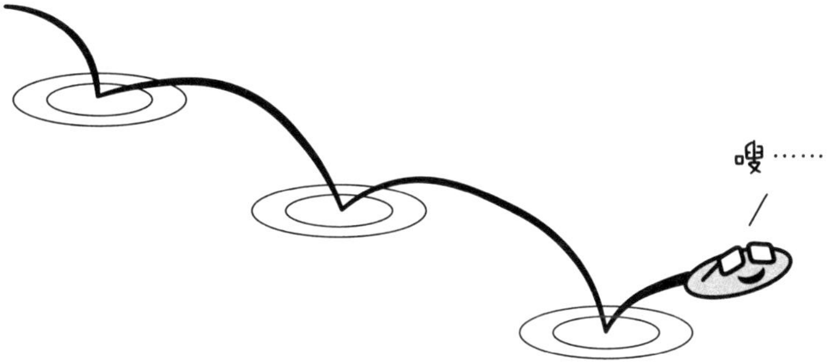

早在公元前，古希腊人便谈到了“跳石过水”，第一条可考的记录则出自 17 世纪的英格兰，国王詹姆斯一世（1603—1625 在位）以金币打水漂自娱，据说竟横跃了泰晤士河（国王自是出手不凡）。金币重 8 克，显然太轻了，打过水漂的人想必懂得，石头太轻，过水的效果便要大打折扣。所以詹姆斯一世一定在伦敦城中选了河流最窄的地方，又待低潮水浅时，才得以令金币轻松跨越泰晤士河面。

关于打水漂的头一份科学记录出自 18 世纪的拉扎罗·斯帕拉捷（Lazzaro Spallanzani）[1]实验室，斯帕拉捷不满足于仅仅观察加推测的方法，他自己扔了很多石头并记录实验结果，甚至还用拇指与食指夹住石头辅助其凌空扫过水面。他的有些观察相当直观，比如：应选扁平的石头并以平面而不是有棱角面触及水面。他的另一些观察更为深入：欲石头在水面上有更高弹跳，石头撞击水面时应有一稍微上倾的角度。

知乎…… 斯帕拉捷成就颇丰，他是首位描述蝙蝠回声定位的人，还以系列重要实验否定了生物的自然发生（spontaneous generation）概念，证明生物不可能无中生有。他展示了肉汤暴露在空气中很快会由于细菌污染而变质，而密封的肉汤则不易变质。这在如今是常识，而在当时堪称振聋发聩。

除了上述较为浅显的观察外，斯帕拉捷还深入细节。他以小角度发射铅弹跨越水面，以其所见，他议论道，石块（或铅弹）以小入射角击水，会压迫水面下陷，石块顺坡滑下坑底，再乘势冲上另一端的坑口，并跃入空中。这一观察相当惊人，需要极大的耐心与观察力。

---

① 斯帕拉捷（1729—1799），意大利著名博物学家和生理学家。

直到20世纪，有了可供精确测量的现代科技，斯帕拉捷的发现才重被提及。1960年代末，研究者利用高速摄像技术终于可以细致观测斯帕拉捷仅凭眼力的观察，录像显示，一枚跳跃的石块撞击水面、迫使水面凹陷，在前方生成一波浪，石块随后沿着波浪持续前跃，波浪的前缘倾角逐级升高，直到接近75度（比萨斜塔直立的倾角为80度，做参考），此时石块最终脱离水面再次腾空，马上又被重力拽落。

投掷石块的初始角度最为关键。巴黎高等师范学校的物理学家莱德里克·巴克特（Lydéric Bocquet）计算出，石块理想的击水角度为20度，即石块前端与水平面呈20度上倾，这大体与普通滑水运动的水橇仰角一致。由于水的密度通常为空气的1000倍，其阻力会大大降低石块的速度，所以关键是减少接触水的时间，让石块应该尽量留在空中。20度的仰角可以让石块的触水时间最小化，最佳情况下石块在空中的时间百倍于在水中。

石块要扔得够快，更要快速地旋转。归功于陀螺效应，石块触水的瞬间，快速旋转能帮助石块克服左右摇摆、保持稳定。巴克特的计算是：每秒旋转5圈的石块可在水面跳跃5次，想要跳跃15次每秒的旋转必须接近10次。

试一试！ 欲打好水漂，光懂物理原理并不够，还要技术过硬。如何做到角度与旋转完美结合呢？先侧身立于水边，弯下膝盖；拇指与食指捏紧石块，手臂后扬，保持石块扁平面与水面平行，出手之际，手腕快速内扣将石块平行水面甩出。

当然，即使技术再完美，每次石块击水都会因摩擦损失一些能量，待到动能即将耗尽的最后阶段，石块跳跃得越来越短，直到无法跃离水面，仿佛在水面上作片刻地迟疑，随即便沉入水中了。

世界上每年都举行许多打水漂比赛，所取得的成绩很是惊人。为吉尼斯纪录所确认的石块连续弹水数是88次，此惊人纪录是美国宾夕法尼亚州红桥（Red Bridge）的库尔特·施泰纳（Kurt Steiner）在2013年9月创造的。施泰纳此前保持着多项纪录，他显然花了大量时间寻找最佳的石块，据他总结，石块应重140克左右（此处可以同詹姆斯一世的情况作个比较），厚6毫米左右，底部要绝对光滑。

其实，先别谈石块质量，光是那份出手的力道就已属绝伦。根据巴克特方程，施泰纳抛石刹那的手速达到了每小时64公里，当然实际速度还要受许多情况影响，比如出手角度的精确程度、石块的实际重量等等。可即便速度稍逊，将石块抛得如此之快仍需极大的力道，所以巴克特获得一绰号：拔山汉。

科学家一如既往，为这一休闲运动制定了标准化器材：砂岩或塑胶制、正圆或正方形碟片。虽说这可以起到锦上添花的作用，但谈到寻找适宜的石块，我更赞同施泰纳的态度：沿着岸边悠游，碰到了合适的石块便送它去水面飞舞。

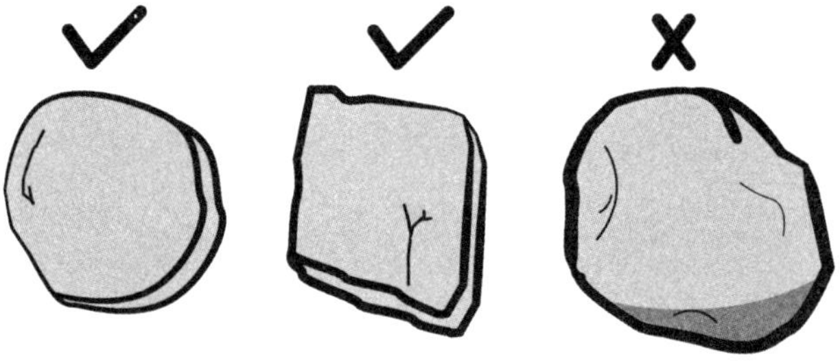

人类难道活在电脑虚拟世界中？

趁着还没被这个问题雷住，先琢磨下柏拉图的这个寓言：有几个人被锁在洞中，终日看到的只是投在墙上的影子。影子是木偶的，所听到的声音却来自持木偶的人而非影子。但那些人对此一无所知，他们认定影子与声音都是真实的事物。或许我们与此也别无二致，由于受到感官与头脑的局限，对真实情况的了解颇不完整。

如今，你要是有幸体验高清虚拟现实技术（Virtual Reality），便会知道一个虚拟的环境能多么引人入胜。我曾“去”过一间虚拟的高层办公室，那里有个没有护栏的阳台，当我被邀请迈下那虚无的阳台时，虽然明知自己站在一间工厂的地板上，我却怎么也迈不动腿。我眼前的“现实”过于逼真，令人不得不信。

计算机还创造了“第二人生”（Second Life）[①] 那样的虚拟社会，在其中你可以同一个虚拟化身聊得火热，你认定那是个真人，可谁又说得准呢？

---

① 《第二人生》，曾是全球最大的虚拟世界游戏，在游戏中，每个人可以建立一个虚拟的“第二人生”，与同在这个虚拟世界中的其他人发生各种各样的关系，实现自己在“第一人生”中没能实现的梦想。

可以预见，未来的计算机将愈加无比强大，如今的虚拟现实、第二人生等技术与之相比就如同粗糙的蜡笔画。雷·库兹韦尔[①]（Ray Kurzweil）是一位发明家、未来学家及工程师，他认为未来的10到15年里电脑将超越人脑。到2030年，一台价值1000美元的电脑将比人脑强大上千倍。

想象一下，当电脑异常强大时，它足以模拟地球的整个历史以及所有曾经生存过的人类，而且还特普通，随处可得。然后有人将它植进一些有自我意识的机器中，令其运转。

在这一电脑的虚拟场景中，每个个体都拥有现今任何人的完整意识，可以说他们可以成为现在的任何人。假使你恰是它们中的一个，你又怎能知道呢？你个人的全部经历，所有已发生的和将要发生的事情，都仅仅是电脑所运行的软件，而你却对此一无所知。

你不过是高阶模拟游戏中的一个角色，生活在与“模拟城市”（SimCity）类似的虚拟城市中。我们现在还能确信，如今的模拟角色还没有自我意识，但随着电脑能力的增强，谁敢说以后不会有呢？

① 雷·库兹韦尔（1948—），美国发明家、作家、未来学家。

当像发明家埃隆·马斯克（Elon Musk）[①]一类的人开始宣称“要么我们创造难辨真假的虚拟世界，要么文明将走向灭亡”时，这一观点值得深思。

有这样几个问题，首先我们能否到达哲学家尼克·博斯特罗姆（Nick Bostrom）[②]所谓的临界点，有能力创造出“元模拟”（ancestor simulation）？可以预想，某种灾难可能会干扰甚至永远终止这一进程。（参看前章“茫茫宇宙，人类能否觅得外星伙伴？”）

如果我们真的获取了必要的计算能力，在一个被超级电脑武装起来的世界里，谁又知道会不会有人劳神做此尝试呢？不过，我们领教过某种颇为类似的行为，从中或能略窥端倪，那便是造神。（纵观历史，总不乏各类造神的思想，以为一人行神道而万众仰慕。神对其信众拥有绝对权力，电脑操控者对其仿真程序抑或拥有绝对权力。）

科学揭秘！ 如果某个场景的细节并不重要，现实中的仿真程序员不会劳神加以仿制。他们自有妙计，为某个仿真人物预存些胡言乱语，如同电影中龙套演员乱哄哄的七嘴八舌：“豆子、萝卜、蔬菜、水果，巴拉巴拉……”下次再同“他”聊天时仔细听听。

编制如此的仿真程序将面临巨大的障碍。为了产生鲜活的思想与感觉，人脑动用了近 860 亿个神经元细胞，外加数量更多的、功能尚不清楚的各类细胞。细胞有血有肉，而意念却没有，彼此何以相生？欲赋予仿真世界的寓居者所有人类的品质，人的意识便必须加以复制。

假使居住在仿真世界里，我们能知道吗？任何能仿真整个社会及其居民的电脑，都有反侦察机制。不过，剑桥大学的数学家及宇宙学家约翰·巴罗（John Barrow）怀

① 埃隆·马斯克（1971—），特斯拉汽车公司总裁。

② 尼克·博斯特罗姆（1973—），瑞典哲学家，牛津大学哲学教授。

疑，仿真技术或许压根不能足够精确。比如迪士尼在制作一幅水面反光的画面时，并没有达到乱真的程度，用巴罗的话是，“挺好，只是别凑近了看”。并且随着人们知识的增长，仿真软件必须像手机应用那般不断升级，于是，敏锐的物理学家没准会捕捉到些微神秘的变化，令他们注意到某些情况也许不对头了。

一个常见问题是：“如果真的生活在仿真世界里，我们该怎么办？”直接的回答便是：“我们得鼓励运行仿真程序的人（甭管他是谁）别停下来，要是他玩腻了，我们就玩完了。”

为了稳住“那位”，可以尝试以下计策：

- 过好每一天（因为谁也不知道那位什么时候断电！）
- 保持娱乐心态（因为要让那位保持兴趣、别轻易断电。）
- 试着揣摩什么样的品性是那位想要仿真的（万一他有装神癖呢？）
- 鼓励出现更多的名人与奇人（毕竟，我们都喜欢奇幻，渴望娱乐。）

有人乐此不疲地尝试一切可能，但也不是每个人都买账。谈到仿真技术，马斯克曾说：“我同兄弟约定，在浴缸里绝不做此类交谈。”

公共卫生间中人们如何挑选小便池？

多数公共男厕所中都排列着小便池。通常认为，男人小便时会尽可能避免与人为邻，总是要留有间隔才感到自在。于是走进公厕的男人都面临着选择：哪个小便池最可能两边空旷？身旁挤入他人的概率如何降到最小？

还别不信，此问题确有研究者。在一篇名为《如厕问题》论文中，埃万盖洛斯·克拉奈克斯（Evangelos Kranakis）与丹尼·克里赞克（Danny Krizanc）运用了数学与信息处理技术来破解这一难题。

很明显，最具吸引力的厕位有两个，分别位列首尾两端，它们至少能保证一边是安全的。如果某男如厕时恰逢空无一人，他可能径直走向某个位于两端的便池，但哪一个更好呢？

知乎…… 史上或有时，某地习俗流行男蹲女立尿姿。至于场景如何，想象下好了，就不上图了。

以厕所有五个尿位举例，如果你是男性，很好，咱们继续。要是您是女性，想象自己是个男人就好。你进去后很可能挑最近的靠边位置，那么随后再进来几个人才会非得有人挤到你旁边呢？假如第二人选中间的位置（即 3 号位），然后第三人选最远端的边位（5 号位），那么三个互不干扰的位置便全满了。

图例1

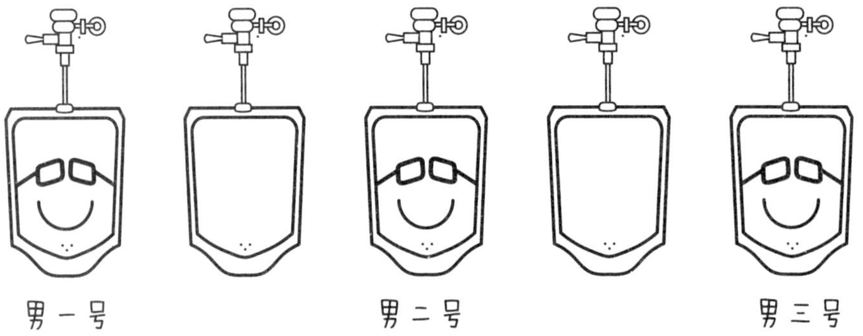

但有时第二位进来后会选 4 号位（毕竟那个位置当时两边也空旷），这便把问题搞乱了，他占了 4 号位，再来者便无处躲尴尬了。

图例2

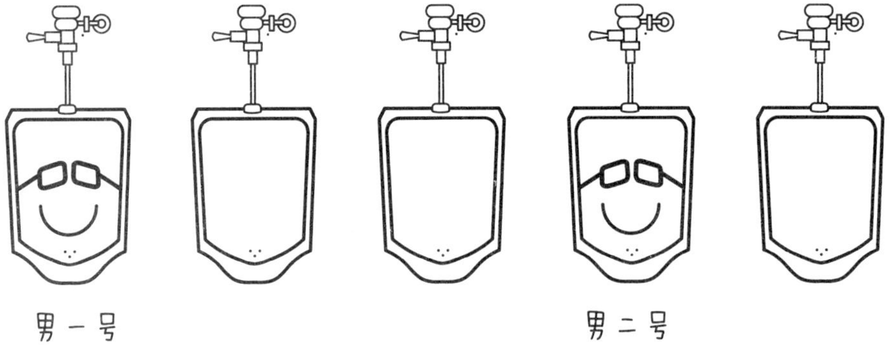

所以关键在于引导第二人的选择。如果你作为第一人进入，不是占据靠边的 1 号位，而是中间的 3 号位，那么接踵而来的二人便自动地两边就位了。

图例 3

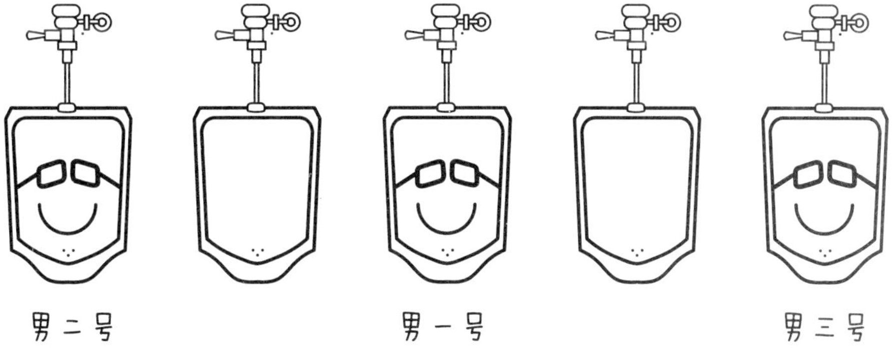

即便如此简单的问题，仍要考虑些其他因素。比如，克拉奈克斯们演练了“懒人”策略，看看会产生何等效果。该策略假设男人都倾向选择最靠近自己的位置，如果所有的厕位都空着，他便懒得多走而选最近的一个。当两边的位置都被占了，再进来的人往往懒态复萌，找最近的位置使用。由于每个人都首选比较隐私的位置，那么如果你是最先进入的那位，随后哪怕还要来两三位，你最佳的选择应该是直奔最远处靠边的位置。

克拉奈克斯二位在论文中探讨了如厕问题的各种情况，但要兼顾人们行为的每一细微变数，并用数学解决如厕难题很是困难。或许有人要问：开发算法帮助每个男性获得最大的如厕隐私权有那么重要吗？我的看法是：有的男人小便时对私密空间特别在意，一旦感到遭了侵犯就根本尿不出来。那当然是极端的情况，但站在便池前的人，似乎都是希望保有一定私密空间的。

这点也得到了数据支持。20 世纪 70 年代心理学家做过一项有争议的实验，在男卫生间中只设三个小便池，并使如厕者只有三个选择：或者独享全空的厕位；或者预先安排人员占据一端，中间位置立有“请勿使用”标识，受试者只可使用另一端位置；或者安排人员占据中位，受试者唯有贴身就位一途。实验的目的是观察逐级减少私密空间是否会影响受试者小便。

实验的争议性在于，由于不能仅凭听声辨别受试者开始或停止的准确时间，所以研究者在卫生间的坐便区安排一观察者，其脚边放置书本，书中藏有潜望镜，以此观察记录受试者开始与停止的准确时间。

与预期相符，这个古怪实验的结论是：受试者与他人靠得越近，他开始撒尿的预热时间便越长（平均要 8.4 秒之多）。当卫生间空无一人，受试者的起步最快，平均仅 4.9 秒。

偷窥别人撒尿惹来了无法回避的伦理争议，因而类似的操作——一个男人用潜望镜暗中观察其他男人尿尿——恐怕难加效仿了。但该实验所搜集的数据与其他涉及如厕行为的著名观测相吻合，比如，如果两个熟识的男人同时进入卫生间并毗邻而尿，出于礼貌他俩会直视前方或目光下垂，即使彼此仍在交谈，也绝无眼神的交流。这正是：心中存隐私，咫尺若天涯。

永动机能造出来吗？

谁要是能造出永动机来，那他可要富甲天下、名闻古今了，或许还成了拯救地球的大英雄。永动机不是新玩意，几个世纪一直有人想发明它，却从没成功过。也难怪，他们一头扎向能量守恒的“风车”，焉有丝毫胜算？

热力学第一定律指明，能量既不能新创，也不会消失。这便要了永动机的命。一台永动机必然要创造能量，因为从定义上讲，它产生的能量应该大于消耗。当然，能量守恒并不妨碍能量从一种形式转变成另一种形式，我们每天都在经历着如此的转换，但每次转换都会损失少许能量。

另有热力学第二定律指出，能量无论大小都不能由低向高逆向传递。好比你餐后静坐，食物中的营养物质便在体内转化成能量进行生化反应。食物分子先在胃中被分解，所获得的部分能量用以维持身体的基础代谢，包括产生热量以保持体温处于37摄氏度左右。但热的消耗过程是不可逆的，热能无法逆向传输重新积聚到原来的分子中。攥在手中的冰块能被体温融化，这依然是能量由高向低的顺向传递，在没有额外能量帮助的情况下，液态水无法自己再变回冰块。宇宙中的一切能量都由高向低流动，有序向无序转化。形象地讲，热力学第一定律在高喊“你赢不了”，热力学第二定律在大叫“你挣不脱”。

（还有热力学第三定律，讲的是：完美晶体的温度为绝对零度。对此，连永动机的狂热鼓吹者也无计可施。）

永动机号称可以逆转普遍的能量传递过程，凭空创造出新的能量。最酷的永动机都是几百年前设计的，比如意大利人马卡托尼欧·兹马拉（Marcantonio Zimara）在16世纪早期设计的这台，是最早的永动机之一，它的样子说白了就像一台风车，靠临近的

一套巨型风箱鼓劲儿，当风箱受挤压时就会吹出气流，带动风车的扇叶转动。为了完美起见，还要添加第三个部件（兹马拉称其为“联动器”），用以连接风车与风箱。一旦风车的扇叶转动，便带动联动器往复移动，进而带动风箱挤压、伸展、挤压、伸展，如此周而复始。该设计的精髓在于，联动器可以使风车借助自身产生的气流转动不息。

兹马拉的神奇机器始终只是个腹案，或许他也曾尝试建造过，但终究不了了之，未见其捷报。理论上讲，驱动风箱的力要远大于风车能够产生的力，所以整台机器恐怕只能纹丝不动地呆立着，全无永动机该有的风范。风车的扇叶甚至连自然风也无法吹动，因为它们被连接的风箱拴住了。尽管如此，兹马拉还是被公认为永动机设计的始作俑者。

知乎…… 有一台机器尽管谈不上永动，却似乎在挑战物理学。机器取名“EmDrive”（无工质引擎），为太空旅行所设计，其推进系统能够无需任何推进剂而产生推力。EmDrive 乃一密闭容器，内储光粒子（微波光子），在其中往复弹跳。当光子碰撞容器内壁后，据称可产生动力推动容器前进。

听起来甚是魔幻，令多数科学家难以置信。但美国航天局（NASA）的“雄鹰工作实验室”（Eagleworks）近来发表了一份对 EmDrive 的测试记录，断定它确实能产生少量推力。假使此说属实，势必引发太空旅行革命，宇宙飞船似再无必要拽上巨量燃料同行了。

诚然，这还不是永动机，但也没准儿是个天上掉下来的“小表弟”呢。

兹马拉在设计永动机时也许真是前不见古人，但后继者却纷至沓来。1618 年，罗伯特·弗勒德（Robert Fludd）以当时英格兰常见的一种磨面机为基础，设计了一尤物。磨面机包括一个受水流驱动的转轮，形似早期轮船的明轮，它转动起来后可以带动巨大的磨石一起转动。而弗勒德在其中加入阿基米德螺线（Archimedean Screw）装置（一个敞口圆筒内置可转动的螺杆），如螺杆以向上的角度持续转动，便会将水汲入上方的水槽。所以据弗勒德讲，人只需用螺杆于河中汲水，然后以平行水槽引流至水轮处泻下，驱动水轮转动，水轮复由齿轮联动螺杆，故轮转而杆随，可持续汲水以供水轮。同时，水轮以其剩余能量驱动磨石，永转不息！

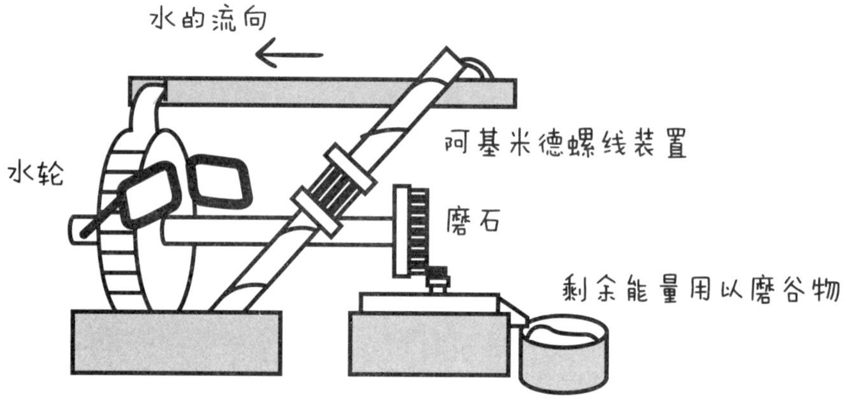

可惜，弗勒德的发明哑火了，汲水所需的能量与水流转动叶轮所产生的能量相当，根本剩不下能量去转动磨石。而且这还没考虑轮轴的旋动、螺杆的扭转或者水的流动所带来的摩擦消耗。这不怪弗勒德，热力学定律要到 200 年后才始创，但此后直到 100 年前，仍有发明家以类似的设计来申请专利。

在这些经典的设计中，我个人最欣赏的是基于强磁铁的一款。17 世纪，切斯特主教约翰·威尔金斯（John Wilkins）搞出个新版设计：在一条斜轨的上端置一块磁铁，下端放一枚铁球。强力磁铁足以牵引铁球一路上行，而机巧之处在于：磁铁前方的轨道上留有一洞，通向第二条轨道的起点。于是，当球被放到第一条轨道后，它顺轨道滚向磁铁，速度不断加快，随后从磁铁前的洞口坠落，再度滚回起点，重新开始上述过程，一遍一遍又一遍。

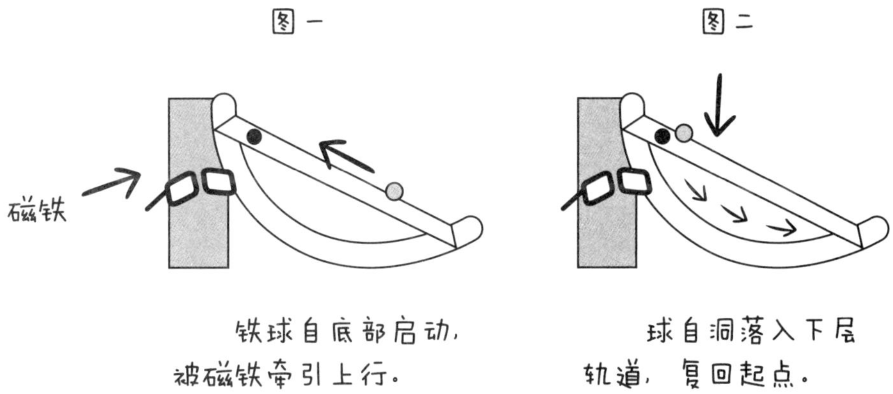

多完美，可还是有点儿小瑕疵。要是一块磁铁强力得足以拽着铁球沿轨道上行，注定不会让它落下，球将从窟窿上飞跨而过。所以有人戏称该设计为头等桌上玩具。

科学八卦！ 在 19 世纪 70 年代，门罗·佩因（Monroe Paine）瞅准了发明家的永动机梦想，搞出一套营销方案。他构造了一台全新的“电磁机”并当众演示，他宣称这台看似只用 4 块微型电池驱动的机器可以锯木头。

亨利·莫顿（Henry Morton）[①] 博士疑其有诈，但一时又无法识破。一次演示中，佩因试图重启机器而不得，这令莫顿疑窦丛生。他记录到，“其时为下午六点零五分，每天下午六点整，同幢建筑中为多台机器供能的蒸汽机按时停机。”在佩因突然离开城镇后真相大白了。莫顿在放置那台机器的地板上发现了一个洞，洞的大小足以容下一套皮带转动装置，它将“电磁机”同建筑内的蒸汽机相连。

---

① 亨利·莫顿（1807—1890），美国科学家，宾州大学物理与化学教授，史蒂文斯理工学院（Stevens Institute of Technology）首任校长。

尽管几个世纪以来出现了各种充满想象的永动机设计，但至今热力学定律仍牢不可破。不过有一点可以确定：将来会有更多的永动机方案，所使用的能源会更加离奇。它们将很迷人，却依旧不中用。

类永动机

有多少人在游泳池中撒尿?

如果你连使用公共厕所的小便池都颇感犹豫，那么在泳池或浴池中会更迟疑吧?尽管此等行为最为犯忌，但在一项 2012 年的调查中，仍有 19% 的受访者承认有此举动，所以这是实在发生的事情！不过这样一个百分数还不能让你清晰地了解在周围的泳池中到底有多少人尿。好吧，来了解一下吧。

2017 年初发表了一项研究，阿尔伯塔大学（University of Alberta）的研究者利用人造甜味剂安赛蜜（Acesulfame K）作尿液指示剂。该甜味剂广泛应用于冰淇淋、果酱、果冻、冰点、汽水、果汁、牙膏、漱口水等，其甜度是普通蔗糖的 200 倍，并常与其他更知名的甜味剂混用，比如蔗糖素（Sucralose）或阿斯巴甜（Aspartame）。

作为尿液指示剂，安赛蜜的妙处在于：多数人都食用它，但它经过人体后并不发生化学改变，而是经尿液排出体外，并足够顽强地存留在池水中，等待被发现。

知乎…… 公共泳池中那股鲜明的气味，你以为是氯气味儿？不见得，更通常是拜三氯胺（Trichloramine）所赐，它是尿液中的氮与氯气反应的产物。好恶心！

研究人员分别从加拿大不同城市的两个泳池中收集了样本，泳池的水容量分别为 11 万加仑与 22 万加仑（奥运会的泳池大约为 66 万加仑）。泳池中安赛蜜的浓度大体是当地自来水的 10 倍，换算下来，小的泳池有 30 升尿，大的有 75 升。75 升啥概念？能注满 15 个大号油桶。尿真不少呀！

科学揭秘！ 还没有化学剂可以使泳池中的尿液改变颜色，其中的困难在于：很难找到一种化学物只同尿液发生反应而对其他化学物质无感。另一障碍来自人类的习性，不难想象，某人在池中方便后会搅动池水，然后栽赃给他人。

恶心还只是一方面，此举还有健康隐患。尽管尿液也带菌，可通常还不至于传染疾病，所以尿液本身倒是没大问题。可是，池水中的氯气与汗液可以同尿液发生反应，形成所谓的“消毒副产品”（DBPs），它们会刺激眼睛，引起呼吸问题甚至哮喘。

还要多说一句，长时间待在泳池里的人往往最常遇到呼吸问题。多数游泳者都愿痛快地指认，游泳高手们爱在泳池中撒尿而且毫不在意。现在你看到了，报应来了。

黑洞里是啥情况？

要理解黑洞，先得理解恒星的生命周期。太阳的优美之处在于恒定：出没有常，光耀如故。受制于重力的挤压作用，几十亿年来太阳一直是个巨型核聚变反应堆，未来 50 亿年里它还会灿烂依旧。

但天下没有不散的宴席，太阳的氢元素终有用尽的一天，它的上层将向外膨胀。它会变得越来越热，先是膨胀，然后再坍缩。一颗濒死的恒星要经过这样几轮，直到褪尽了所有的外壳，唯余一个致密的内核，称为“白矮星”，其密度是如此之大，好比地球的身材塞进半个太阳的质量。

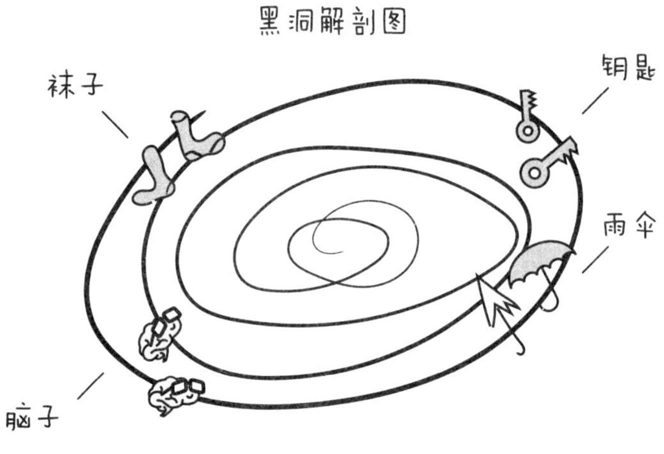

恒星越大，死亡的过程越剧烈。可如果恒星太大，比方说至少是太阳的20倍，它在能源耗尽后依然会坍缩，但坍缩的过程却没有尽头。无比巨大的重力会令它持续坍缩，直到一种难以理解的程度：在无限小的空间里积聚了无限大的质量。那便是黑洞。

许多黑洞恒星般大小，也有些黑洞质量超级巨大，另外从理论上讲，亦存在着微型黑洞。每个黑洞的质量都与它坍缩前相同（除去少许逃逸到太空的物质），所以其中一定存在着什么东西。黑洞，特别是巨型黑洞，能够吞噬所接近的星球和气体，当那些物质盘旋着被吸入黑洞时，随着温度的升高，释放出海量的X射线与无线电波。通过分析这些射线，天文学家可推断出黑洞的质量和大小。已故物理学家约翰·阿奇博尔德·惠勒（John Archibald Wheeler）将这一推断的过程描述成：如同置身光线昏暗的舞厅，男舞者一袭黑裳，女舞伴全身素白。黑暗中，你只辨得出女舞伴，但通过观察她的移动，就能判断出男舞者的位置。

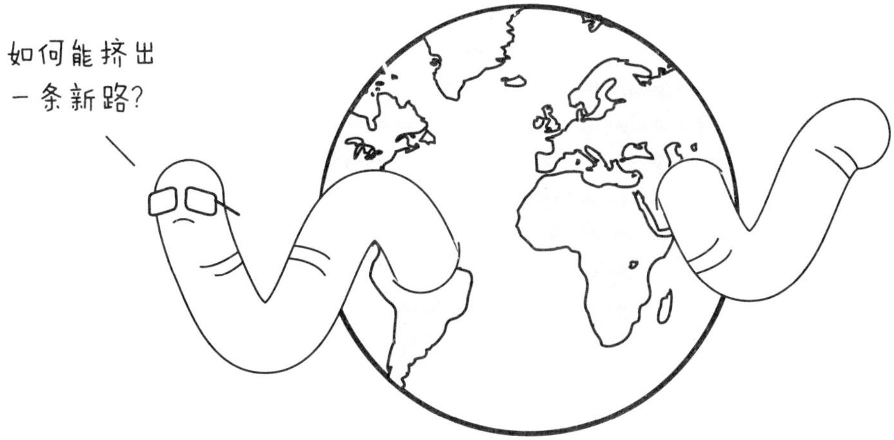

试试看！ 虫洞是黑洞的近亲。它如同太空的后门，理论上讲，经过它可直抵太空的远端，比常规的路线迅捷得多。理解虫洞需要费些脑筋。首先，别把太空看成是三维空间，而是如同一片拿在手里的橡胶垫。这样，一个太阳般的巨大物体在太空里的效果，就如同一颗台球落在橡胶垫上：前者都令后者发生了弯曲。随后，在台球落位于橡胶垫中央后，取一小玻璃球（此处代表地球）滚过橡胶垫。由于橡胶垫的中心凹陷形成坡度，小球不可能直线滚动，而是以中心的台球（代表太阳）为圆心，一圈圈旋转而下。

现在想象用钢笔在橡胶垫相对的两端分别做一个记号，然后将橡胶垫对折并使记号各自朝外。一旦两点重叠后，你既可以从一点出发紧贴橡胶垫的表面，追寻小球的轨迹绕到另一点；也可以刺破橡胶垫从一点径直通往另一点，而这便是虫洞。激动吗，你刚刚经历了超时空旅行。但千万别错误地以为通过虫洞能进入黑洞，那可是条绝路！

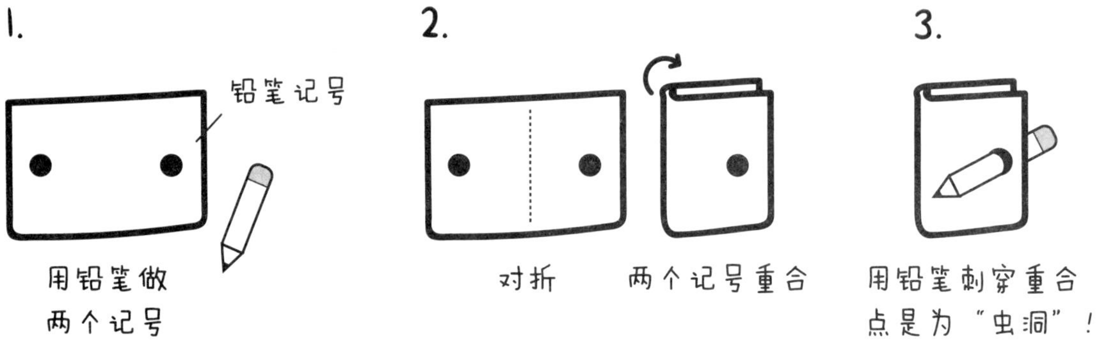

人类对黑洞的了解无法超越所谓的“事件视界”（event horizon），它是黑洞的边界，一旦跨越此界黑洞强大的引力会叫一切有来无回。假如你真越过了事件视界，你的经历会与外界的观察截然不同。当你的飞船向事件视界下落时，从外部看你逐渐逼近黑洞，但最终却似乎停了下来。来自你影像的光不会被吸入黑洞，却也逃脱不出黑洞的引力，它会保持原样，悬停在太空里映衬着黑洞的幽黑。

而此时你正飞向黑洞，所经历的一切都格外快。黑洞的特别之处不在于其质量无比巨大，而在于将如此大的质量压缩在极小的空间内，这使得引力的效果极其强烈。在地球上，由于人的脚比头稍微更靠近地心，因而理论上脚部会承受更强的重力，不过两相差距微乎其微，人根本无从感知。

与地球相比，黑洞的引力不仅格外巨大，并且引力源超级集中，于是在你靠近其中心时，身体会被拉长。当然，很快你就会被抻裂，先是断成首尾两截，再是四截、八截……与此同时，时空本身也被导入黑洞，这意味着你又受到来自各方的挤压，用奈尔·德葛拉司·泰森（Neil de Grasse Tyson）的话说便是“如同牙膏”。其实，你在黑洞里的遭遇可能更像是被挤出的牙膏：一摊摊的，奄奄一息的。这种同时承受拉、挤两种作用的现象有个专业术语：意大利面条化（spaghettification）。

当你进了黑洞成了碎渣儿后，接下来还会发生什么就不清楚了，因为没法往里看。顾名思义，“黑”便是没有光能够逃脱“洞”的巨大引力，而没光也就没法观察里面的动向。所能确知的是已知的物理定律在黑洞里将不再适用，也许那是太空的尽头一切终将结束？但只要我们还坚信物质不灭，那样的猜测似乎就不可靠。即使被压缩成密度大无边的质点，你依旧可能留下点什么，比如一些原子的片段。还有另一种猜测，虽然少有人认同却也难以证伪：进入黑洞的人最终会化成一阵狂野的粒子雨。无论最终的命运如何，进入黑洞的物体似乎都要违背量子力学定律与（或）广义相对论，这些推测可真让物理学家们难以下咽。

新式意大利面条（佐以肉丸，味道尤佳）

机器有情感吗？

“住手，戴维……戴维你会住手的，对吧……戴维 住手，我怕……我怕，戴维……戴维……我的头脑就要……”

说话的是电脑哈尔，出现在亚瑟·克拉克[①]（Arthur Clarke）的小说《2001：太空漫游》（*2001：A Space Odyssey*）中。哈尔是台具有情感的机器，在被宇航员戴维拆解时感到极其痛苦，他特别恐惧。假使哈尔没有情感，他会像台简单的数据处理机那样无动于衷。

这当然是虚构的，人类离造出哈尔那样的机器还很远。但那一天会到来吗？如果真造出了有感情的机器，它会比普通的机器更智能吗？

这里提供些思维的线索。1848年，有个叫菲尼亚斯·盖奇（Phineas Gage）的包工头负责修建佛蒙特州的一条铁路，其中的一项日

① 亚瑟·克拉克（1917—2008）英国科幻小说家，其小说里的许多预测都已成现实。他被认为是20世纪最重要的科幻小说家之一。

常工作是向洞中填充炸药。但 9 月 13 日发生了事故：被炸药炸飞的一根金属棒恰好穿过盖奇的头，落到 20 米开外。他的左眼及大脑左额叶大部被剥落。

神奇的是，盖奇大难不死，并一直活了许多年。但先前认识他的人都讲，那个好人盖奇不见了。他不再友善、平和、可信，却成了一个昏着不断的反社会的流浪汉，脑部的致命伤彻底改变了他。

最近，美国神经病学家安东尼奥·达马西奥（Antonio Damasio）描述了他的一个患者——埃利奥特（Elliot），称其为当代的盖奇。埃利奥特通过手术切除了脑部肿瘤，连同切除的还有部分左额叶与右额叶。此后，埃利奥特突然开始做出一个个糟糕的决定，等达马西奥见到他时，他几乎失去了一切，包括家庭和财富。奇怪的是，埃利奥特通过了大量的心理测试，但令他困惑的是，在许多情况下自己再也感受不到原先的情感了。达马西奥确信，埃利奥特同此前的盖奇一样，丧失了做出明智决策的关键因素——情感。

实验研究还显示：心情愉快的人在画素描时能观察得更全面，作品能更好地还原景物。比如，愉快的人会关注整个森林并描绘出其全貌；而沮丧的人只关注具体的树木，无论如何也看不到更广阔的画面。以此类推，一个有情感的机器人或许更擅长决策。

然而，能否证明富于情感的机器比没有情感的更能干吗？如果能，又怎么证明？麻烦在于人类的情感是经历数百万年进化的产物，脑细胞的回路又是如此复杂，我们对其知之甚少，因而目前想要模仿尚无可能。

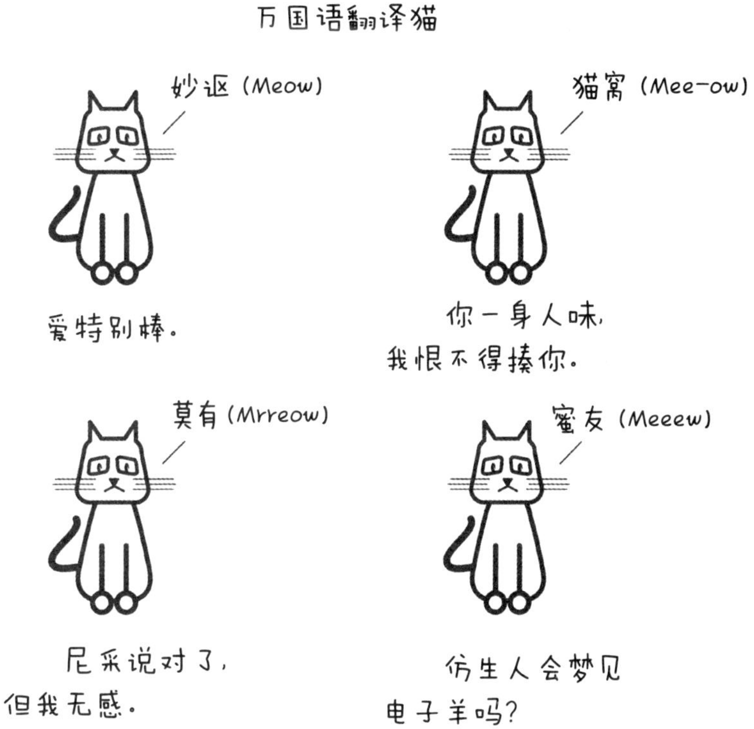

事情还得慢慢来，何不先造台电脑，让它识别人的情感？中国的研究者展示过一台电脑，能通过脑电图识别电影观众的情绪倾向（正面、中性、负面）。法国与日本也联合研制出导购机器人“派博”（Pepper），它能辨别四种情感：快乐、愉快、伤心和愤怒。随后它见机行事鼓励顾客多消费。当然，这些机器人还只是按程序办事，并不能体悟人类实际的情感。就算我们造出的电脑可以破译人类的任何情感，它们仍无从做出恰当的反应。

你的情感体验、你的感受，除非自己表达，否则没人知晓。也许你看似生气，其实并不真的生气，但外人无法参透你的意识，无法深入内心查看你的思绪、梦想与感情。

意识是科学的未解之谜，人们既不知道它如何被大脑产生，也不知其他的动物是否同样拥有。乌鸦与渡鸦能够审慎行动，但它们是有意而为吗？假使狗与猫有自我意识，那便意味着一个机器人不必拥有人类规模的大脑也能获得意识。一些科学家认为，大脑一旦达到某种复杂程度，意识便自发产生。那么对于一片复杂的微处理芯片，这一点是否依然适用？

知乎…… IBM 在尝试仿制人脑的连接方式。TrueNorth 是 IBM 制作的仿神经元电脑芯片，集成的“神经元”达 1600 万，相互间的连接达 40 亿种。虽然可观，但 1600 万与人脑的 860 亿神经元简直没法比。

如果机器人有了情感，它们会像人类吗？也许它们拥有的是机器的感情：没有心脏，唯有电池。一台具有感情的机器或许更加高效，但可能也难以捉摸。如果这些敏感又聪明的机器人决定不再需要人类……那会发生什么？

知乎…… 德国科学家用电脑模拟了一对男女间的谈话，谈论他们对酷热天气、缺乏闲暇时间的感受，以及女人对某个朋友的恼怒之情。受试者或被告知谈话出自人类，或被告知谈话出自电脑。得知谈话出自电脑的人不假思索地认为场面怪异，而得知对话出自人类的人却未觉异样。这意味着什么？显然，一想到电脑能完全自我思考就令我们不爽，但也许人类真该习惯习惯。

你的卫生间里都潜伏着什么？

生活在人体里的细菌（或曰“微生物菌群”）可以给身体（甚至大脑）带来积极的影响。但细菌们不会总那么待在原地与人为善，人们触碰、呼吸，甚至靠近的任何东西上都布满细菌，键盘上、话筒上、袜子上等等，到处都是。

绘制细菌的传播图虽很复杂却极重要，因为这是控制食源与水源疾病的关键信息。图上细菌的重要停靠点自然包括处理粪便的厕所和清洗汗污的浴缸，特别是卫生间的把手、冲水拉手、马桶坐垫甚至淋浴喷头。

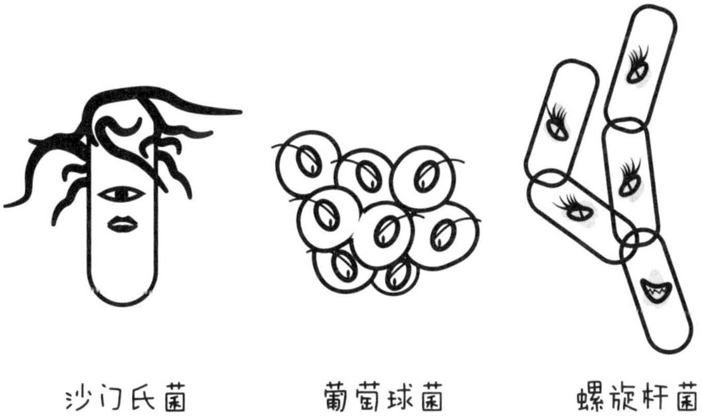

对公共卫生间里人类行为进行的研究多如牛毛（参见本书“公共卫生间中人们如何挑选小便池？”），比如，在觉得被人注视时，女性会特别勤地洗手；男性会特意避开某一隔间，因为那里隐约有股男性激素的气味。

整理最新的公共卫生间研究，一份完整的在厕细菌名录呈现在眼前。从结果看，致命的病菌虽没上榜，但论种类丰富，却超过了北美鸟类所携带的细菌种类。这些细菌都是科学家所熟悉的品种，在人类皮肤上和肠道中早已存在。对于细菌而言，存在于人体还是厕所，只是聚集地不同而已。

最新的研究还采用了创新方法。在传统研究中，用棉签将细菌转移到培养皿中，培养皿内放置营养琼脂，使细菌繁殖，随后科学家研究培养皿上的活菌菌落查明细菌的种类。但有数百种细菌并不适合如此培养，于是北美的研究采用 DNA 检测法，对样本中不同种类细菌所遗留的痕迹进行 DNA 检验。研究者不看细菌本身，而看它们的内容物。

研究显示：常驻皮肤的微生物会大量出现在门把手、皂液器、水龙头等，常与手接触的物品上。而冲水拉手与马桶坐垫却不然，那里是肠道细菌的天下，是粪便污染的结果。其原因可能是人们的不良卫生习惯，也可能来自冲水时的喷溅。尽管粪便可以传播危险致病菌，但许多粪源细菌出没的地方，致病菌并不一定能存活。

知乎…… 可能你还没注意到，马桶冲水时会将许多细菌抛溅到空气中。这些细菌能存活很多天，所以下次冲马桶时最好扣上马桶盖。

没什么好奇怪的，公共厕所的马桶下沿儿是细菌的重灾区，但地板富集了最为丰富的细菌品种，这一点却令人颇感意外。研究者怀疑，部分是随着各地的泥土被带入的。可奇怪的是，在马桶冲水拉手上也发现了相同种类的细菌，显然有不少人习惯于用脚冲马桶。

研究得出的结论是：天天使用的厕所中，粪便及尿液中的细菌会被传播得到处都是，所以为了自身的健康，便后认真洗手很是必要。

在谈到淋浴喷头时，细菌的群落变得极为有趣。由于喷头在人们的头上方，淋不着带菌的水，就算有些水珠溅上去，所携带的细菌也应该来自头皮。但情况果真如此吗？当然还有种可能性，冲马桶溅起的细菌照例会飘落在喷头上。但这些还都不是全貌。

知乎…… 商业寡头是些权势熏天、富可敌国、神秘莫测的人物。某些细菌一旦在某些地方占据了绝对优势，也会被称为“寡头”。它们集防御能力、耐受力与先天优势于一身，能够碾压所有的竞争者。

有趣的是，肚脐眼中的细菌也分化出一些寡头菌。在这些小暴君中古细菌域（Domain Archaea）最令人意外。这些微生物曾被认为是唯一能在极端环境下（如温泉中）生存的生物，如今虽说到处都见它们的身影，人体中却一直难觅其踪迹。现在，终于在肚脐眼中发现了它们的踪迹。

淋浴喷头上的菌落之所以引起重视，是因为有研究发现：它们是卫生间中最易积聚的鸟分枝杆菌（Mycobacterium Avium）的部件。尽管这些菌在自来水中的菌落占比远小于 1%，但它们却能在管道设备上形成牢固的生物膜，因而能富集在喷头上。更糟糕的是，这些分枝杆菌能附着于被喷头雾化的小液滴上，通过空气进入人的肺部，虽说对于多数人并没有危险，但能令免疫低下的人感染肺部疾病。

不得不承认，对着为歼灭细菌而创造的设施大谈细菌繁殖，颇有些讽刺意味。那么，还是仔细想想在抽水马桶发明之前的细菌感染情况吧。那些旧日的好时光又怎样呢？当时的人们径直将废物泼进城堡的护城壕中？或许你住不起城堡，而直接在墙根和街道上方便？还有，在历史的大部分时期里人们都不太洗澡。与之相比，马桶传播细菌，喷头藏污纳垢什么的听起来挺糟，其实未必。

何为图灵测试?

英国的阿兰·图灵（Alan Turing）是一位天才的数学家、密码破译专家及计算机科学家，二战时破译了德国的“恩尼格玛密码”（Enigma code）。他最出名的当属创制了图灵测试，可以检验某台机器是否具有智能。所以，图灵还被认为是人工智能之父。

照图灵原始的设计，测试并不复杂，尽管其目标颇为玄奥：“我打算考虑这样的问题：‘机器能思考吗？’”没往下讨论几句，图灵便认识到如此简单的目标会引来诸多的问题，因为对于“机器”与“思考”的定义既普遍又含混。为了解决这一难题，他采用了一种相对简单的方式：创造了一种聚会游戏（party game）的变种，取名为“模仿游戏”（imitation game）。

想象一下这样的情形：一男一女独处一室，另一间屋有一评判员。评判员向双方提问（通过打印的字条），然后根据所得的答案，判断哪一位是女性。这便是聚会游戏，图灵将此创意稍作改动，将其中的一人换成计算机。评判员需从答案判断哪个是人，哪个是计算机。图灵注释到，答案不必正确，但要尽量像是出自于人。

图灵随后对游戏进行了调整，通过 5 分钟的对话，如果评判员判断的准确率不超过 70%，就算计算机通过了测试。即使当时的计算机通不过测试，图灵也认可未来发展的前景，他认为“可想象的”计算机会在 2000 年之前赢得测试。

在讨论该测试的论文中，图灵列举了许多可能的反对意见，然后像打靶一样将它们各个击破。当有人争辩说，上帝只将灵魂给了人而没给机器。图灵回答道：“神学争论不会给我留下特别深的印象。”当有人讲，智能机器这个想法太吓人。他说：“这样的讨论没有实质意义。”他还驳斥了机器低能说，指出机器也许不会作诗，但并不意味着它们不会思考、不能创造。

知乎…… 2014 年上映的电影《模仿游戏》（*The Imitation Game*）让世人得以一瞥图灵的思想与人生。作为一个同性恋者，他的行为在当时被视为有罪。1952 年，在其同性恋行为被公开后，他被审判并定罪。为了免入牢狱，图灵接受了化学阉割，但 2 年后他死于氰化物中毒，时年 42 岁。一般认为他亡于自尽，但也有事故致死的传言。随着风气渐开，2013 年伊丽莎白女王特赦了图灵的生前之过。

原版的图灵测试至今还没有正式通过者，但有几个人宣称取得了突破。20 世纪 60 年代中期，约瑟夫·魏泽鲍姆（Joseph Weizenbaum）造出一个名为艾丽莎（Eliza）的程序[①]，设计上模拟了所谓的罗杰斯疗法[②]（Rogerian）的心理治疗法，是一种以人为核心的交谈法。该疗法的发明者是卡尔·罗杰斯（Carl Rogers），治疗的方法是通过提问鼓励患者展露自我。其标准的提问，诸如“那令你感觉如何？”“你是否感到意外？”等，尽管合乎情理却并不费机器多少脑筋。魏泽鲍姆所宣称的成功一直以来都

① 艾丽莎是人工智能历史上最为著名的软件，它能够使计算机与人用英语谈话。

② 罗杰斯疗法，又称“个人中心疗法”，为美国人本主义心理学家卡尔·罗杰斯（1902—1987）创立的一种心理治疗方法。

颇受争议。

图灵测试在其后勃发了许多变种，我个人最喜欢的一个名为“中国屋”。像此研究领域的所有事物一样，这一测试也具有争议性，但它着眼点不拘于机器智能，而是通常的意识范畴，因而堪称此类设计的典范。

其方案是：一个全不懂中文的人被锁在一间满是中文标识的房间中，屋中有本手册指导他如何按正确的顺序排列那些标识。屋外有操汉语者用中文将问题传递进屋内，屋里的受试者并不懂那些问题，只是在手册的指导下组合出一套标识送出房间，当然，他甚至都不知道自己在回答问题。就屋外的汉语提问者而言，屋内的某人（或某机器）正在进行图灵测试；但由于屋内的人对汉语一无所知，所以根本谈不上在进行任何的智能测试。

还有两个测试值得一提，一个是“逆向图灵测试”（Reverse Turing Test），是让一台电脑辨别与它对话的是人还是其他电脑；另一个叫“完全图灵测试”（Total Turing Test），电脑在其中既被测试，也要监看、处理其他受试者，扮演着人工智能、机器影像、机

器人三重角色。

也许你并没意识到，但你很可能早已参与了逆向图灵测试。当你想登录一个网站，却被要求在一个对话框中照录一组扭曲的字母与数字，你其实是在向值守的电脑证明自己是个真人。这个过程被称为“全自动区分计算机和人类的图灵测试”（CAPTCHA），其原理在于：电脑还不能像人那般很好的辨别 CAPTCHA 中的字母与数字。人类对于模糊的图像有着特殊的敏感，即使在三明治上烙上个圣母像人们也能辨别。

知乎…… 休·勒布纳（Hugh Loebner）博士设立了“勒布纳奖”（Loebner Prize），颁发十万美元外加金质奖章，奖励首先通过图灵测试者。奖项始于 1991 年，此后尽管数字革命东风劲吹，仍无人赢得该奖。鼓励奖倒是年年发，奖掖每年的最佳表现者。不过谁也够不上图灵设定的标准。

在写此文时，我同一个聊天机器人聊了聊，它被公认为勒布纳竞赛的优胜者新贵。我的感觉是：漫漫长路何其远也。比如，当我提起用餐（别误会，我没想同机器人约会！），它竟聊起了狄更斯。我猜想它也许想到了《雾都孤儿》里的一句台词，“拜托，先生，我想多要点儿。”

历史迷雾

何为安提凯希拉装置?

人们见惯了技术的进步，已懒得花时间对这一路所取得的成就大惊小怪。但偶尔，某个发现还会让人一愣，让我们看到人类对技术总是如此的上心。这方面有个绝佳的例子——安提凯希拉装置（Antikythera Mechanism），它不但冷僻甚至可说是鲜为人知。

想象一个金属做的钟被安在一只雕刻精美的木匣里，尺寸约为 34 × 18 × 9 厘米。钟的正面有两个同心大刻度盘，侧面有一可转动的手柄，它的背面看起来更像一座钟。钟的内部挤满了 30 个紧密咬合的齿轮，有的直接连接；有的相连后一个齿轮转得比另一个慢；还有的采用偏心法，颇似迪士尼乐园中的疯狂茶杯：试想月球的运动方式，在环绕地球旋转的同时，还随地球一同绕太阳旋转。（照这般旋转的齿轮，古希腊之后 1500 年才出现！）装置上到处都刻有详尽的铭文，它复杂得不可思议，设计得精美绝伦，而且它年近 2000 岁。

安提凯希拉装置示意图

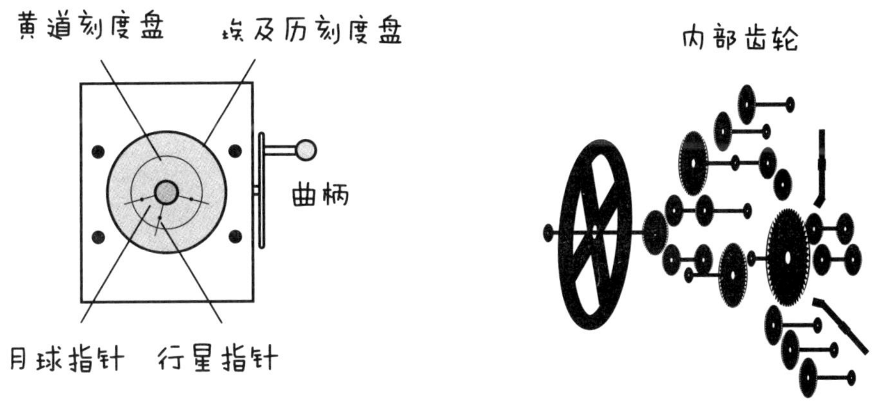

安提凯希拉装置之得名，乃因长久以来不明其所为何用。它于 1901 年被偶然发现，当时，地中海东部的海绵捕捞者被风暴赶到了希腊小岛安提凯希拉附近。次日，海面恢复平静，他们重新开始潜水作业，随后在水下近 50 米处发现一艘古希腊沉船，沉没的年代约为公元前 100 年。他们同希腊考古学家一道，发现了大量的陶器与首饰。在很多方面，这都是第一次真正意义上的水下考古发掘。

知乎…… 在安提凯希拉装置上迄今已发现了 3400 个字符，原初时或许有两万字符之多。一些刻有铭文的面板已遗失，有些铭文只能从沉淀其上的覆盖物的印痕中勉强读取。

在一大堆手工制品中，有三小片锈迹斑斑、腐蚀严重的铜件，经过上千年的海水浸泡，丝毫没有了齿轮与刻度盘的模样。很显然，这些部件该以某种方式组合。但它们最终能组成什么，还是个谜。

几十年后人们开始用X光分析其结构，但由于部件破损、变形严重，扫描也没带来多少有用的信息。最新的研究采用了微聚焦X射线计算机断层扫描技术，揭示了一些令人惊叹的情况，包括业已缺失的轮齿的模糊痕迹。依照这些线索，人们有可能复原装置原先的样子。

正面的两个刻度板分别表示太阳历的365天以及黄道历的360天，侧面的手柄可令使用者精准地设定未来或过去的日期，查看未来或过往的星象排列。一个由齿轮驱动的日历也未必让人惊叹，但刻度盘的背面就大不一样了。它们呈螺旋状而非圆环状，可追踪当时已知的五大行星，其精度达到每500年只偏差一度。更有甚者，这些烧脑的机械零件，不仅能追踪日月运行的准确细节，还能预测月食和日食——其中的一些可能在东地中海地区并不能观察到。

知乎…… 我能有把握地说，2034 年的圣诞节夜空将现满月。上一次出现此景是 1995 年。我当然不是预言家，也不会法术，但借助现代科技，日月的运行了然我胸，预测起来无须丝毫犹疑。不过，即使全无现代科技帮助，凭借安提凯希拉装置，你也能做同样的预测。该装置能追踪的跨度长达 235 个月，足够在日历上的同一天再见满月了。

事情没有听起来那般容易。虽然月亮环地球一周费时略不足 28 天，但两轮满月间的间隔却要稍长一些。要形成满月就需要被阳光完全照亮，而在月亮公转的 28 天里，由于地球的移动，月亮要多花一两天才能到达合适的位置形成满月。

量度时间颇为棘手，可安提凯希拉装置却处置得极好，甚至能追踪所谓的“沙罗周期”（Saros cycle）[①]，一个月食（或日食）周期需要 6585 天又 8 小时。没错，装置连那烦人的 8 小时也能应付。

还有更厉害的呢，安提凯希拉装置还能查询人类的体育赛事。在其背面能显示 4 年后的下届奥运会，同时还能查询其他 5 个不很知名的每 2 年一届的赛事。

知乎…… 2013 年，制表商宇舶（Hublot）制作了一块简化版的安提凯希拉手表。作为孤品，它并不外售；但若出售，则定为天价。

---

① 沙罗周期，天文术语，指长度为 6585.32 天的一段时间间隔，每过这段时间间隔地球、太阳和月球的相对位置又会与原先基本相同，因而前一周期内的日、月食又会重新陆续出现。每个沙罗周期内约有 43 次日食和 28 次月食。

图书在版编目（CIP）数据

科学博士来回答．2 /（加）杰·英格拉姆（Jay Ingram）著；杜冰译．— 上海：上海社会科学院出版社，2019

ISBN 978-7-5520-2732-7

Ⅰ．①科… Ⅱ．①杰… ②杜… Ⅲ．①科学知识－青少年读物 Ⅳ．①Z228.2

中国版本图书馆 CIP 数据核字（2019）第 078101 号

上海市版权局著作权合同登记号：图字 09-2019-265号

科学博士来回答 2

著　　者：（加）杰·英格拉姆
译　　者：杜　冰
责任编辑：赵秋蕙
特约编辑：杨袁媛
封面设计：田　晗
出版发行：上海社会科学院出版社
上海市顺昌路 622 号　　邮编 200025
电话总机 021-63315900　销售热线 021-53063735
http: //www. sassp.org.cn　E-mail: sassp@sass.org.cn
印　　刷：天津旭丰源印刷有限公司
开　　本：787 × 1092 毫米　1/16 开
印　　张：10.5
字　　数：96 千字
版　　次：2019 年 8 月第 1 版　2019 年 8 月第 1 次印刷

ISBN　978-7-5520-2732-7/Z·069　　定价：56.80 元